KB178990

데카르트가 들려주는 함수 이야기

데카르트가 들려주는 함수 이야기

ⓒ 정완상, 2010

초 판 1쇄 발행일 | 2005년 5월 30일
개정판 1쇄 발행일 | 2010년 9월 1일
개정판 13쇄 발행일 | 2021년 5월 28일

지은이 | 정완상
펴낸이 | 정은영
펴낸곳 | (주)자음과모음

출판등록 | 2001년 11월 28일 제2001-000259호
주   소 | 04047 서울시 마포구 양화로6길 49
전   화 | 편집부 (02)324-2347, 경영지원부 (02)325-6047
팩   스 | 편집부 (02)324-2348, 경영지원부 (02)2648-1311
e-mail | jamoteen@jamobook.com

ISBN 978-89-544-2022-8 (44400)

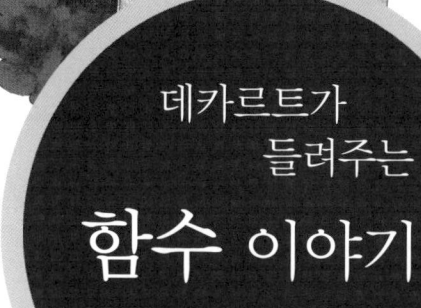

데카르트가
들려주는

함수 이야기

| 정완상 지음 |

㈜자음과모음

데카르트를 꿈꾸는 청소년을 위한 '함수' 이야기

데카르트는 천장에서 파리가 움직이는 것을 보고 좌표의 원리를 찾아낸 위대한 수학자이자 과학자입니다. 그는 좌표를 도입하여 도형에 관한 많은 문제들을 쉽게 다뤘는데 이것을 해석 기하학이라고 합니다. 즉, 데카르트는 해석 기하학의 창시자인 셈입니다.

이 책을 통해 여러분은 데카르트의 좌표와 여러 가지 함수에 대한 개념을 접할 수 있고, 생활 주변의 예를 통해 정비례와 반비례에 대한 이해를 아주 쉽게 할 수 있습니다. 데카르트의 강의는 간단한 일차함수와 그 활용까지를 다루고 있습니다.

저는 한국과학기술원(KAIST)에서 이론물리학으로 박사 학위를 받았고, 대학에서 학생들을 가르치고 있는 경험을 바탕으로 쉽고 재미난 강의 형식을 도입했습니다. 즉, 위대한 수학자들이 교실에 학생들을 앉혀 놓은 뒤 일상 속 실험을 통해 그 원리를 하나하나 설명해 가는 식으로, 그들의 위대한 이론을 초등학생부터 이해할 수 있도록 서술했습니다.

　특히 책의 마지막 부분에 실은 창작 동화 〈택시 회사 사장 클레〉에서는 클레가 함수와 좌표에 대한 이론을 이용하여 회사를 운영하는 모습을 느낄 수 있고, 택시 요금을 결정하는 함수에 대해서도 배울 수 있도록 하였습니다.

정 완 상

차례

1

함수란 무엇인가요?

3명의 여학생과 3명의 남학생 사이에는 어떤 대응이 있을까요?
함수에 대해 알아봅시다.

1

함수란 무엇인가요?

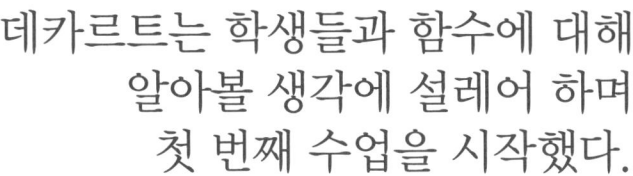

데카르트는 학생들과 함수에 대해
알아볼 생각에 설레어 하며
첫 번째 수업을 시작했다.

오늘은 함수에 대해 이야기하겠습니다. 함수를 알기 위해
서는 먼저 집합에 대해 알아야 합니다.

4보다 작은 자연수는 뭐죠?

__1, 2, 3입니다.

누구에게 물어도 4보다 작은 자연수는 1, 2, 3입니다. 이렇게
어떤 조건을 만족하는 대상들의 모임을 집합이라고 하고, 그
대상을 집합의 원소라고 합니다. 집합은 보통 대문자를 사용
하지요. 그러니까 4보다 작은 자연수의 집합을 A라고 하면 1,
2, 3은 A의 원소입니다. 이때 집합 A를 다음과 같이 씁니다.

A = {1, 2, 3}

이제 집합이 뭔지 알겠지요? 하지만 집합의 원소가 반드시 숫자일 필요는 없습니다. 예를 들어, 2002년 한일 월드컵 4강팀의 집합을 B라고 하면 다음과 같지요.

B = {한국, 터키, 독일, 브라질}

함수의 정의

이제 집합을 알았으니까 함수에 대해 알아봐야겠지요.

데카르트는 여학생 3명을 불러 자리에 앉혔다. 그리고 여학생들에게 A, B, C라고 쓰인 모자를 쓰게 했다. 반대편에는 남학생 3명을 앉혔다. 그리고 남학생들에게 구별을 위해 1, 2, 3이라고 쓰인 모자를 쓰게 했다. 여학생들은 무언가를 가리킬 수 있는 가짜 손을 들고 있었다. 데카르트는 여학생들에게 아무 남학생이나 가리키라고 했다.

여학생들의 집합을 X, 남학생들의 집합을 Y라고 합시다.

X = {A, B, C}

Y = {1, 2, 3}

여학생 A와 B는 1번 남학생을, 여학생 C는 2번 남학생을 가리켰군요. 이렇게 집합 X의 원소들을 다른 집합 Y의 원소들에 대응시키는 것을 함수라고 합니다.

이때 여학생들의 집합 X를 정의역, 남학생들의 집합 Y를 공역이라고 합니다. 이 함수는 X에서 Y로의 함수라고 하고 다음과 같이 씁니다.

$$f : X \rightarrow Y$$

이때 여학생 A가 선택한 남학생을 A의 상 또는 함숫값이라고 하고 $f(A)$라고 씁니다. 그러니까 모든 함숫값을 써 보면 다음과 같지요.

$$f(A) = 1$$
$$f(B) = 1$$
$$f(C) = 2$$

이때 공역의 원소들 중에서 여학생이 가리킨 남학생은 1번과 2번입니다. 이들을 원소로 하는 집합을 치역이라고 하고 I 라고 씁니다.

I = {1, 2}

공역에서 치역만 동그라미로 나타내면 다음과 같습니다.

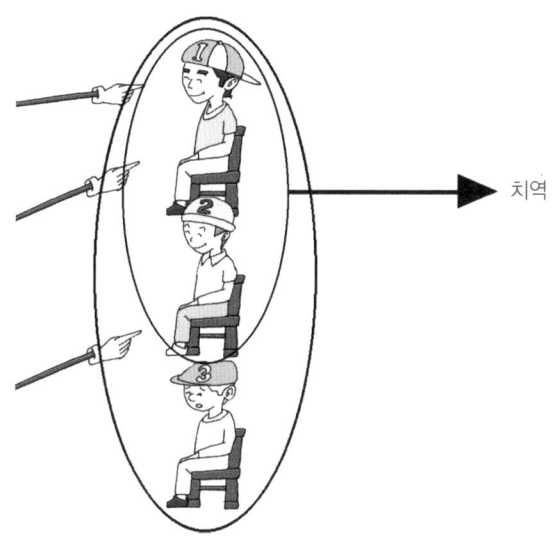

치역

아하! 그러니까 치역은 공역의 일부분이 되는군요.

함수가 되기 위한 조건

모든 대응이 함수가 될까요? 그렇지는 않습니다. 함수가 되기 위해서는 어떤 조건을 만족해야 합니다.

데카르트는 다시 여학생 A, B, C를 앉히고, 반대편에 남학생 1, 2, 3을 앉혔다. 그러고는 여학생 A와 B에게는 1개의 가짜 손을 주고, C에게는 2개의 가짜 손을 주어 동시에 남학생을 가리키게 했다.

여학생 C가 두 남학생을 가리켰군요. 이렇게 정의역의 한 원소가 2개 이상의 공역의 원소와 대응이 되면 함수가 아닙니다.

또 함수가 되지 않는 경우를 봅시다.

데카르트는 이번에는 여학생 A, B에게는 1개의 가짜 손을 주고, C

에게는 가짜 손을 주지 않았다. 그러고는 동시에 남학생을 가리키
게 했다.

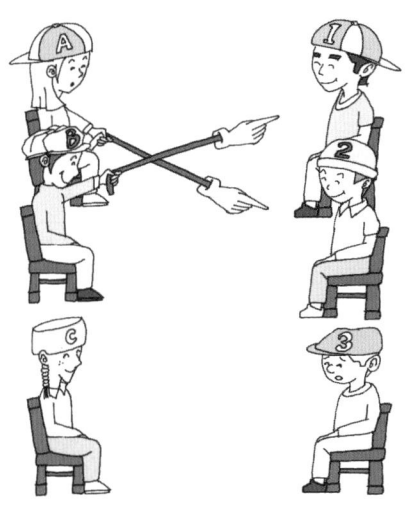

　여학생 C는 가짜 손이 없으니까 남학생을 가리키지 못했군
요. 이렇게 정의역의 원소 중에서 공역의 원소와 대응되지
않는 원소가 있으면 그것은 함수가 아닙니다.
　즉, 두 집합 X, Y가 있고 X에서 Y로의 대응이 함수가 되려
면 반드시 다음 두 조건을 만족해야 합니다.

(1) X의 한 원소가 Y의 2개 이상의 원소와 대응되어선 안 된다.
(2) X의 모든 원소가 Y에 대응되어야 한다.

특별한 함수

데카르트는 이번에는 여학생 A, B, C에게 가짜 손을 주고 가장 키가 큰 남학생을 가리키게 했다.

모두 1번 남학생을 가리켰군요. 이 함수를 f 라고 하면 함숫값은 다음과 같습니다.

__ 함숫값이 모두 같을 수도 있군요.

$f(A) = 1$

$f(B) = 1$

$f(C) = 1$

정의역의 모든 원소가 공역의 1개의 원소와 대응이 되었군요. 이 함수를 상수함수라고 합니다. 상수함수는 치역의 원소가 1개뿐이지요.

이번에는 다음 함수를 봅시다.

데카르트는 이번에는 여학생 A, B, C에게 가짜 손을 주고 자신의 짝을 가리키게 했다.

여학생 3명이 모두 다른 남학생을 가리켰군요. 이때는 X의 한 원소와 Y의 한 원소가 대응됩니다. 이런 함수를 일대일대응이라고 하지요.

일대일대응이 되려면 정의역의 원소의 개수와 공역의 원소

의 개수가 같아야 합니다. 그리고 공역과 치역은 같아지지요.

수 집합에서 정의된 함수

이제 정의역이나 공역이 수 집합인 경우를 생각합시다.

＿ 네, 선생님.

예를 들어, 다음과 같은 함수 $f : X \rightarrow Y$를 보죠.(함수의 이름은 주로 f, g, h, …를 사용함)

정의역 각 원소의 함숫값을 봅시다.

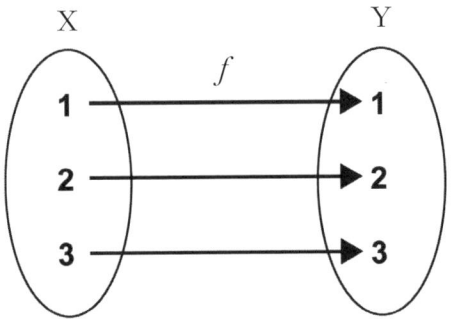

$f(1) = 1$

$f(2) = 2$

$f(3) = 3$

정의역의 수가 공역의 같은 수에 대응되지요? 이때 정의역의 원소를 x라고 하면 그에 대응되는 공역의 원소는 당연히 x가 됩니다. 그러므로 이 함수는 다음과 같이 나타낼 수 있습니다.

$$f(x) = x$$

이때 정의역의 임의의 원소 x에 대응되는 공역의 원소를 y라고 하면, 이 함수는 다음과 같이 쓸 수 있습니다.

$$y = x$$

이렇게 함수는 2가지로 쓸 수 있습니다.

이번에는 다음 함수 $g : X \to Y$를 봅시다.

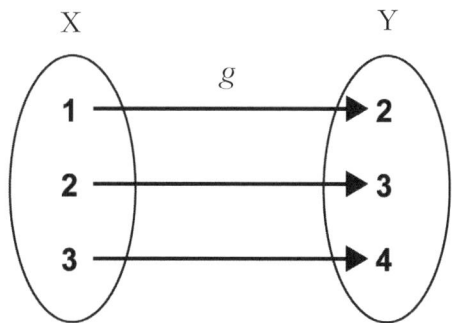

정의역 각 원소의 함숫값을 봅시다.

$$g(1) = 2$$
$$g(2) = 3$$
$$g(3) = 4$$

정의역의 모든 수가 자신보다 1 큰 수에 대응되지요? 이때 정의역의 원소를 x라고 하면 그에 대응되는 공역의 원소는 당연히 $(x+1)$이 됩니다. 그러므로 이 함수는 다음과 같이 나타낼 수 있습니다.

$$g(x) = x + 1$$

이때 정의역의 임의의 원소 x에 대응되는 공역의 원소를 y라고 하면, 이 함수는 다음과 같이 쓸 수 있습니다.

$$y = x + 1$$

이 함수의 우변은 일차식입니다. 따라서 이런 함수를 일차함수라고 합니다.

이번에는 다음 함수 $b:\mathrm{X}\to\mathrm{Y}$를 봅시다.

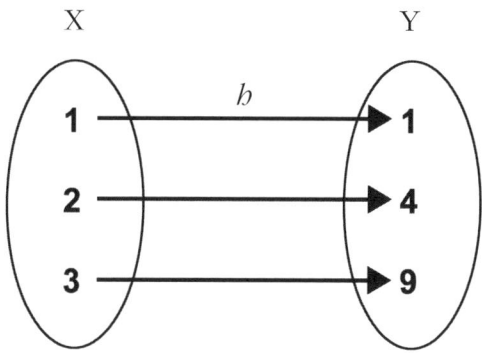

정의역 각 원소의 함숫값을 봅시다.

$b(1)=1$

$b(2)=4$

$b(3)=9$

이 관계를 다음과 같이 쓸 수 있습니다.

$$b(1) = 1^2$$
$$b(2) = 2^2$$
$$b(3) = 3^2$$

정의역의 모든 수가 그 수의 제곱에 대응되지요? 이때 정의역의 원소를 x라고 하면 그에 대응되는 공역의 원소는 당연히 x^2이 됩니다. 그러므로 이 함수는 다음과 같이 나타낼 수 있습니다.

$$b(x) = x^2$$

또한 정의역의 임의의 원소 x에 대응되는 공역의 원소를 y라고 하면, 이 함수는 다음과 같이 쓸 수 있습니다.

$$y = x^2$$

이 함수의 우변은 이차식입니다. 따라서 이런 함수를 이차함수라고 합니다.

만화로 본문 읽기

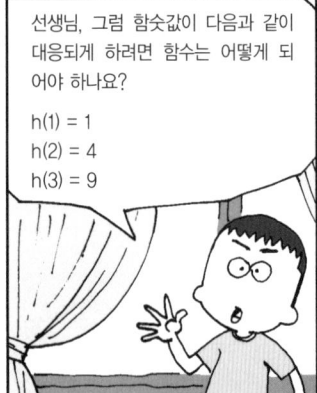

2

함수의 개수

두 집합 사이에 함수는 몇 가지가 만들어질까요?
함수의 개수에 대해 알아봅시다.

2

두 번째 수업

함수의 개수

데카르트는 두 집합 X, Y를 칠판에
그리며 두 번째 수업을 시작했다.

두 집합 사이에 서로 다른 함수는 몇 가지가 있을까요? 오
늘은 함수의 개수에 대해 알아봅시다.

다음과 같은 두 집합 X, Y를 봅시다.

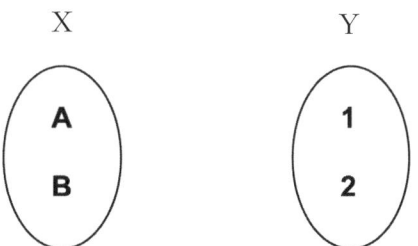

이제 X가 정의역이 되고 Y가 공역이 되는 함수를 모두 나열해 봅시다.

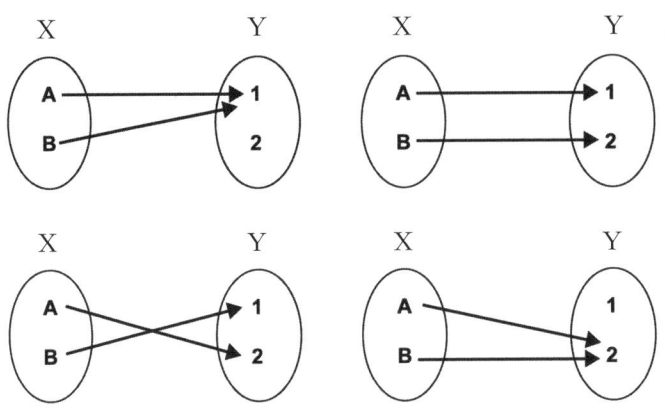

모두 4가지의 함수가 만들어지는군요. 여기서 $4 = 2^2$입니다.

이번에는 다음 두 집합 X, Y를 봅시다. X의 원소의 개수는 3개이고, Y의 원소의 개수는 2개입니다.

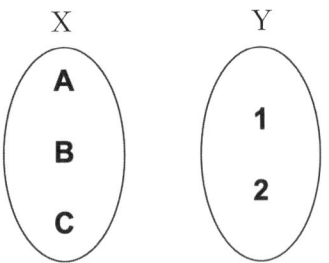

이때 만들어지는 함수는 다음과 같습니다.

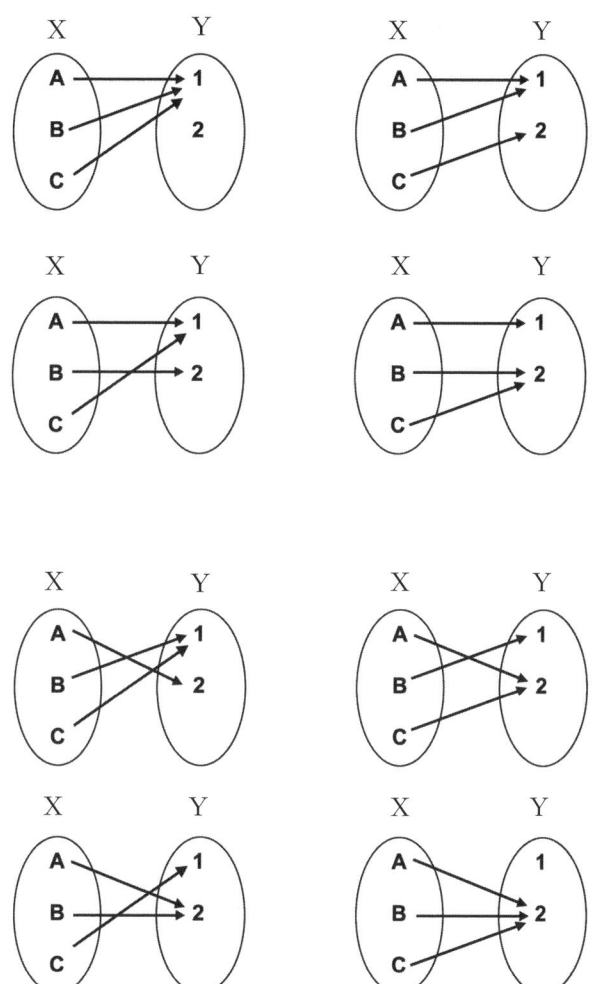

모두 8개의 함수가 만들어지는군요. 여기서 $8 = 2^3$입니다. 왜 그런지 알아봅시다.

정의역의 원소 A, B, C가 택할 수 있는 함숫값은 1 또는 2입니다. 그러므로 A, B, C가 선택할 수 있는 모든 함숫값을 나열해 보면 다음과 같습니다.

A	B	C
1	1	1
1	1	2
1	2	1
1	2	2
2	1	1
2	1	2
2	2	1
2	2	2

따라서 위와 같은 8가지 경우만이 생깁니다. 그러므로 정의역의 원소의 개수가 3개이고 공역의 원소의 개수가 2개일 때 만들 수 있는 서로 다른 함수의 개수는 2^3개입니다.

일대일대응의 개수

일대일대응이 되려면 정의역의 원소의 개수와 공역의 원소의 개수가 같아야 합니다. 이번에는 일대일대응의 개수에 대해 알아봅시다.

먼저 정의역과 공역의 원소가 각각 2개, 즉 정의역이 X = {A, B}, 공역이 Y = {1, 2}인 경우를 알아봅시다. 이때 가능한 일대일대응은 다음과 같습니다.

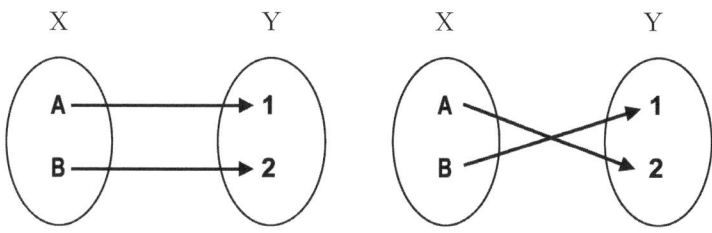

2가지이군요. 즉, 정의역과 공역의 원소의 개수가 2개일 때 일대일대응의 수는 2개입니다. 여기서 $2 = 2 \times 1$입니다.

이번에는 정의역과 공역의 원소가 각각 3개, 즉 정의역이 X = {A, B, C}, 공역이 Y = {1, 2, 3}인 경우를 알아봅시다. 이때 가능한 일대일대응은 다음과 같습니다.

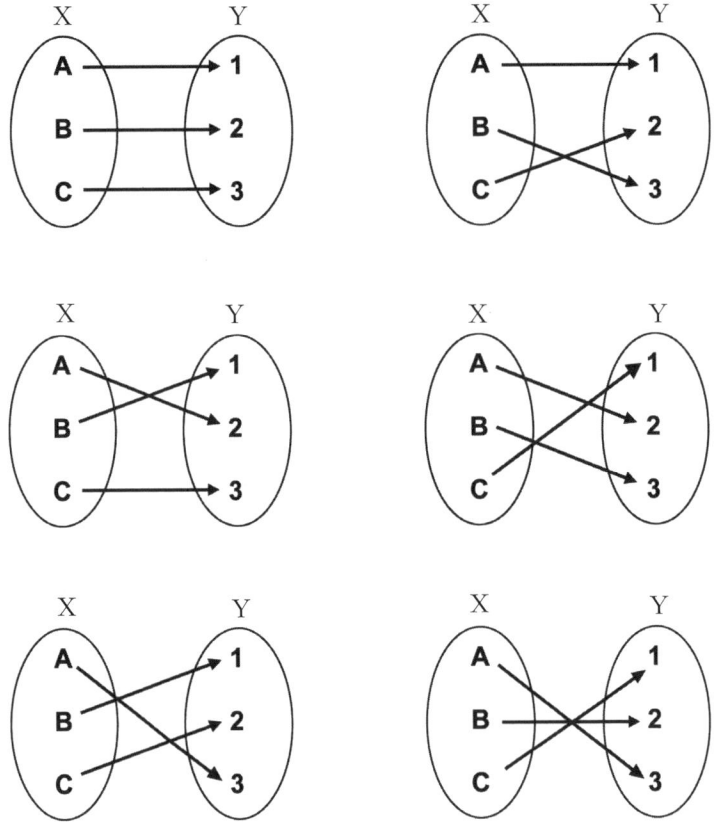

　　모두 6가지이군요. 즉, 정의역과 공역의 원소의 개수가 3
개일 때 일대일대응의 수는 6개입니다. 여기서 $6 = 3 \times 2 \times 1$
입니다.

　　그러므로 다음과 같이 정리할 수 있습니다.

정의역의 개수	일대일대응의 수
2	2×1
3	$3 \times 2 \times 1$

따라서 일대일대응의 수는 정의역의 개수에서 1까지의 곱이 됩니다. 왜 그런지 알아봅시다.

정의역의 원소 A, B, C가 택할 수 있는 함숫값은 1 또는 2 또는 3입니다. 이때 A, B, C 순서대로 1, 2, 3 중 하나를 선택한다고 합시다.

먼저 A가 선택할 수 있는 방법의 수는 3가지입니다. 일단 A가 1, 2, 3 중 하나를 선택하고 나면 B가 선택할 수 있는 수는 2개로 줄어들게 됩니다. 그러므로 B가 선택할 수 있는 방법의 수는 2가지이지요. 그리고 이미 세 수 중 두 수를 A, B가 선택했으므로 마지막으로 C는 선택할 수 있는 방법이 1가지밖에 없습니다. 그러므로 A, B, C가 1, 2, 3을 선택하는 방법은 다음과 같지요.

$3 \times 2 \times 1 = 6$(가지)

두 집합으로 만들 수 있는 함수는 몇 가지나 될까요?

그건 두 집합의 원소의 개수만 알면 구할 수 있답니다.

예를 들어 이런 두 집합이 있을 때, X가 정의역이 되고 Y가 공역이 되는 함수를 모두 나열해 볼까요?

어때요, 이렇게 4가지가 만들어지죠? 그럼 또 다른 예를 들어 보도록 하죠.

집합 X의 원소가 A, B, C 3개일 경우에는 다음과 같은 함수를 만들 수 있습니다.

정의역의 원소 1, 2, 3이 택할 수 있는 함숫값이 1 또는 2이기 때문에 모든 함숫값을 나열해 보면 다음과 같이 됩니다. 모두 8개의 함수가 만들어지죠?

그러므로 정의역의 원소의 개수가 3개이고, 공역의 원소의 개수가 2개일 때 만들 수 있는 서로 다른 함수의 개수는 $2^3 = 8$(개)이 되는 것이죠. 다른 함수도 같은 방법으로 개수를 알 수가 있어요.

우아, 신기하네요.

3

점의 좌표

평면 위의 점에 주소를 만들어 주면 편리합니다.
점의 좌표에 대해 알아봅시다.

3

세 번째 수업

점의 좌표

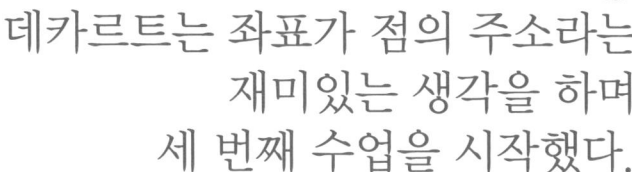

데카르트는 좌표가 점의 주소라는
재미있는 생각을 하며
세 번째 수업을 시작했다.

　　우편 배달부가 편지를 정확하게 배달할 수 있는 것은 주소가
적혀 있기 때문입니다. 이렇게 주소가 있으면 어떤 집의 위치를
나타내기 편리하듯이 점들의 위치를 나타낼 때도 주소를 도입
하면 편리합니다. 이때 점의 주소를 좌표라고 합니다.

　　내가 천장에 붙은 파리의 위치를 나타내기 위해 생각해낸 것
이지요, 흠흠.

　　우선 수직선 위에서 점의 좌표에 대해 알아봅시다. 다음 페
이지를 보세요. 수직선의 점 P는 원점(0)에서 오른쪽으로 2
칸 떨어진 곳에 있습니다. 이 점의 좌표는 +2이지요.

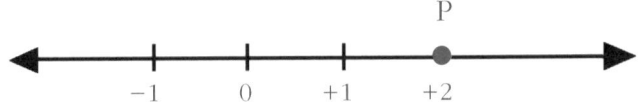

이것을 P(+2)라고 씁니다. 또한 점 Q는 원점에서 왼쪽으로 1칸 떨어져 있습니다. 이 점의 좌표는 −1이지요. 따라서 이것은 Q(−1)이라고 씁니다.

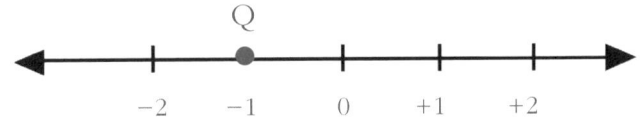

이렇게 수직선에서 점의 좌표는 1개의 수에 의해 나타내어집니다.

그럼 평면에서의 점의 좌표는 어떻게 나타내어질까요?

데카르트는 바둑판 모양의 판을 가지고 와서 가운데 점을 중심으로 서로 수직인 두 직선을 테이프로 붙이고 수평 방향의 직선에 x축, 수직 방향의 직선에 y축이라고 썼다. 그러고는 두 직선이 만나는 점에 바둑알을 놓았다.

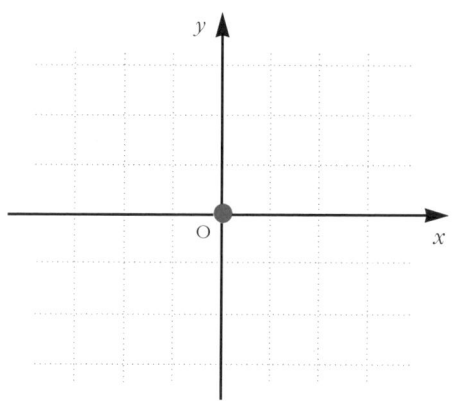

이 점은 x축과 y축이 만나는 점입니다. 이 점을 원점이라 하고 O(0, 0)이라고 씁니다.

데카르트는 바둑알을 오른쪽으로 1칸 이동한 다음 위로 2칸을 이동시켰다.

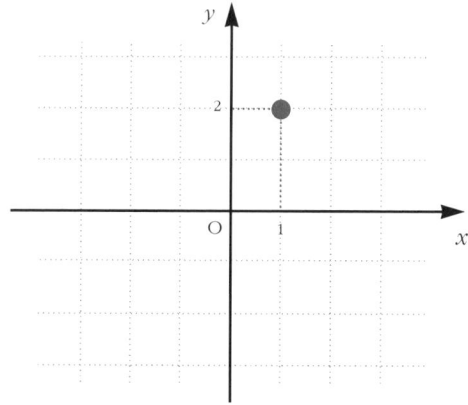

원점에서 x축을 따라 오른쪽으로 이동하면 x의 값이 양수이고 왼쪽으로 가면 음수입니다. 또한 원점에서 y축을 따라 위로 가면 y의 값이 양수이고 아래로 가면 음수입니다. 그러니까 이 점은 x의 값이 +1이고, y의 값이 +2인 점입니다. 그런데 +1은 1과, +2는 2와 같으므로 이 점의 좌표는 (1, 2)라고 쓸 수 있습니다.

이렇게 괄호 안에 2개의 수를 써서 판 위에 있는 모든 점을 나타낼 수 있습니다. 이때 앞에 쓴 숫자는 x축 방향으로의 위치를 나타내므로 x좌표라고 하고, 뒤에 쓴 숫자는 y축 방향으로의 위치를 나타내므로 y좌표라고 합니다. 즉, 점 (1, 2)에서 x좌표는 1이고, y좌표는 2입니다.

데카르트는 바둑알을 원점에서 오른쪽으로 2만큼 떨어진 곳에 놓았다.

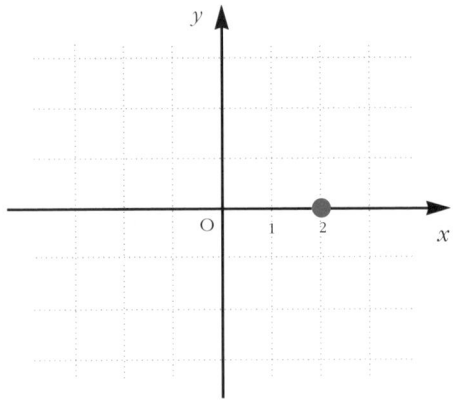

이 점의 좌표는 뭘까요? x축을 따라 오른쪽으로 2만큼 움직였고 y축을 따라서는 움직이지 않았지요? 그러니까 이 점의 좌표는 (2, 0)입니다. 이렇게 (어떤 수, 0)으로 나타내어진 점은 x축 위에 있는 점입니다.

마찬가지로 다음 그림과 같이 y축 위에 있는 점을 봅시다.

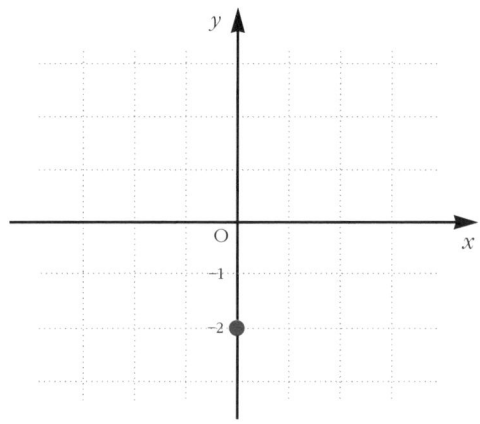

x축 방향으로는 왼쪽으로도 오른쪽으로도 움직이지 않았지요? y축 방향으로는 아래 방향으로 2만큼 내려왔군요. 그러므로 이 점의 좌표는 (0, −2)입니다. 그러니까 (0, 어떤 수)의 꼴로 나타내어진 점은 y축 위에 있는 점입니다.

데카르트는 학생들에게 좌표가 (−1, −2)인 점을 바둑알로 가리키게

했다. 학생들은 다음과 같이 바둑알을 놓았다.

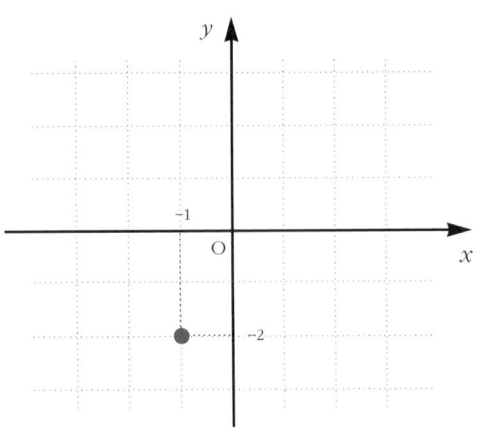

점의 이동

이제 점의 이동에 대해 알아보겠습니다. 사람이 이사를 가면 주소가 달라지듯이 점이 이동하면 점의 좌표가 달라집니다.

예를 들어, 점 P(1, 2)가 x축 방향으로 2만큼, y축 방향으로 3만큼 이동하여 새로운 점 Q가 되었다고 합시다. 이때 점 Q의 좌표는 어떻게 될까요? 오른쪽으로 2만큼 움직였으므로 점 Q의 x좌표는 점 P의 x좌표보다 2만큼 큽니다. 즉, 점 Q

의 x좌표는 1+2=3이 되고, 마찬가지로 점 Q의 y좌표는 2+3=5가 됩니다. 그러므로 점 Q의 좌표는 (3, 5)가 되지요. 이렇게 점의 이동은 각각의 방향으로 이동한 수만큼을 원래의 좌표에 더하면 되지요.

점을 이동하여 재미있는 놀이를 해 봅시다.

데카르트는 흰 바둑알 3개와 검은 바둑알 3개를 바둑판 모양의 판에 놓았다. 그러고는 흰 바둑알은 각각 a, b, c, 검은 바둑알은 각각 A, B, C라고 이름을 붙였다.

이제 2장의 숫자 카드를 뽑아 첫 번째 카드의 수만큼 바둑알을 x방향으로 이동시키고 두 번째 카드의 수만큼 바둑알을 y방향으로 이동시킵니다.

가운데 있는 점은 원점입니다.

결국 두 사람이 교대로 카드 2장을 뽑아 먼저 원점으로 자신의 바둑알을 이동시키는 사람이 이기는 놀이입니다. 만일 이동시킬 곳에 상대방의 바둑알이 놓여 있으면 그 바둑알을 잡을 수 있습니다.

그러면 카드 2장을 1번 더 뽑을 수 있는 규칙으로 게임을 해 봅시다.

데카르트는 영희와 철수에게 이 게임을 하게 했다. 영희는 검은 바둑알을 선택했고 철수는 흰 바둑알을 선택했다.

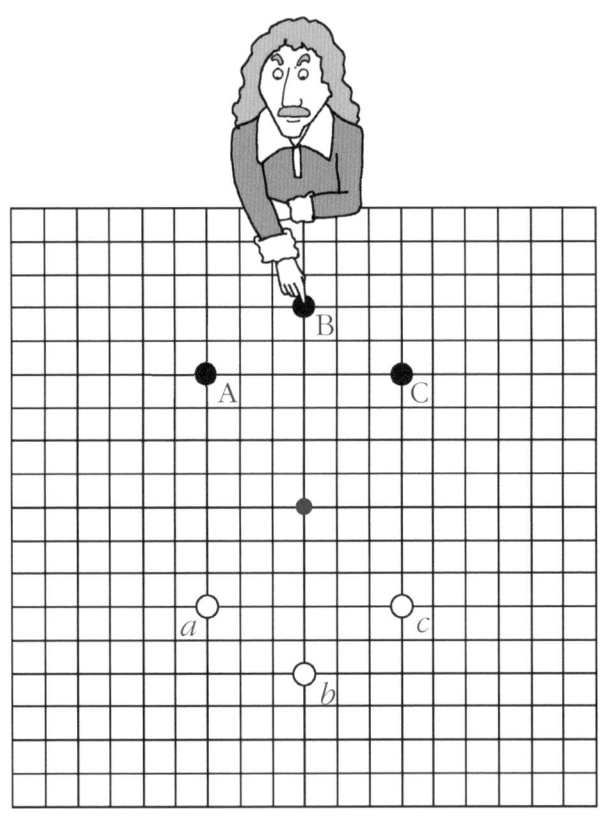

● 먼저 영희가 숫자 카드를 뽑았다. 첫 번째 카드는 +2, 두 번째 카드는 −1이었다. 영희는 검은 바둑알 A를 다음과 같이 움직였다.

〈영희〉

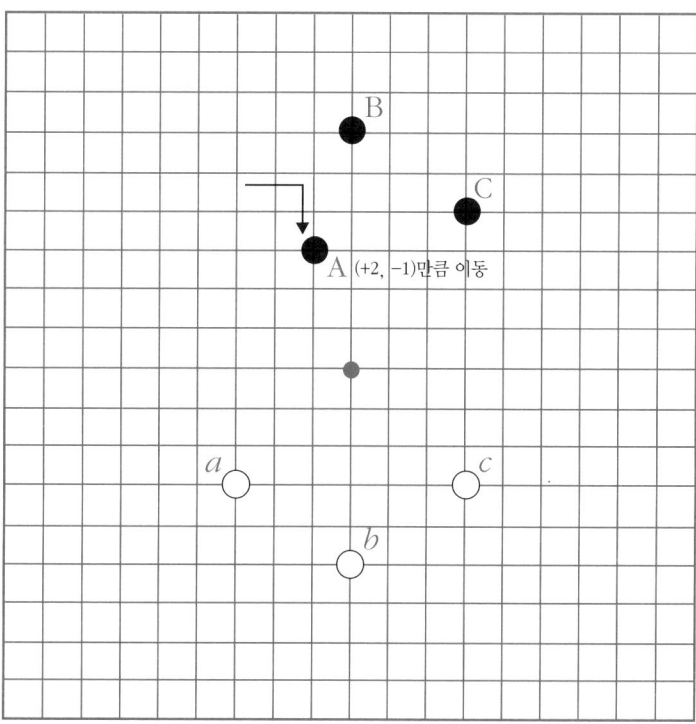

○ 철수는 첫 번째 카드로 0을, 두 번째 카드로 3을 뽑아 흰 바둑알 a를 다음과 같이 (0, +3)만큼 움직였다.

〈철수〉

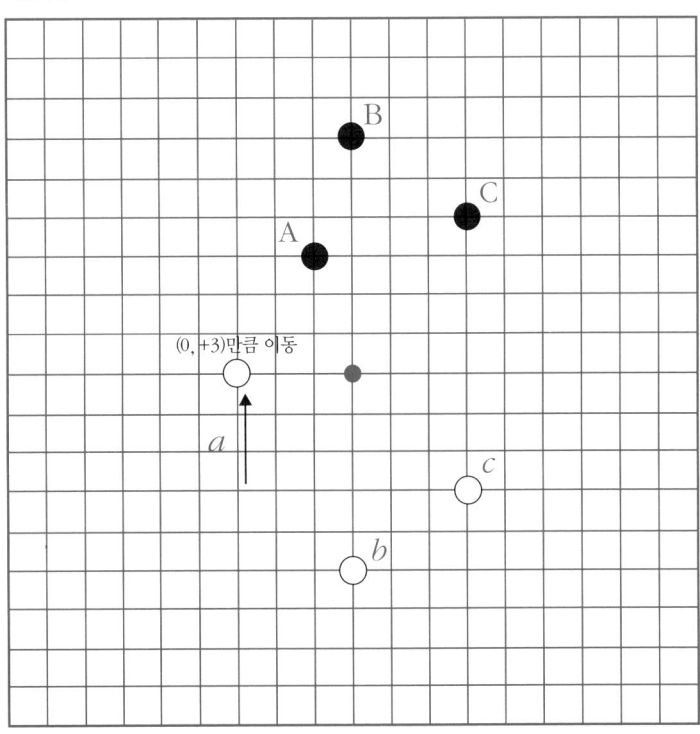

●영희는 첫 번째 카드로 −3을, 두 번째 카드로 0을 뽑았다. 그래서 검은 바둑알 C를 다음과 같이 움직였다.

〈영희〉

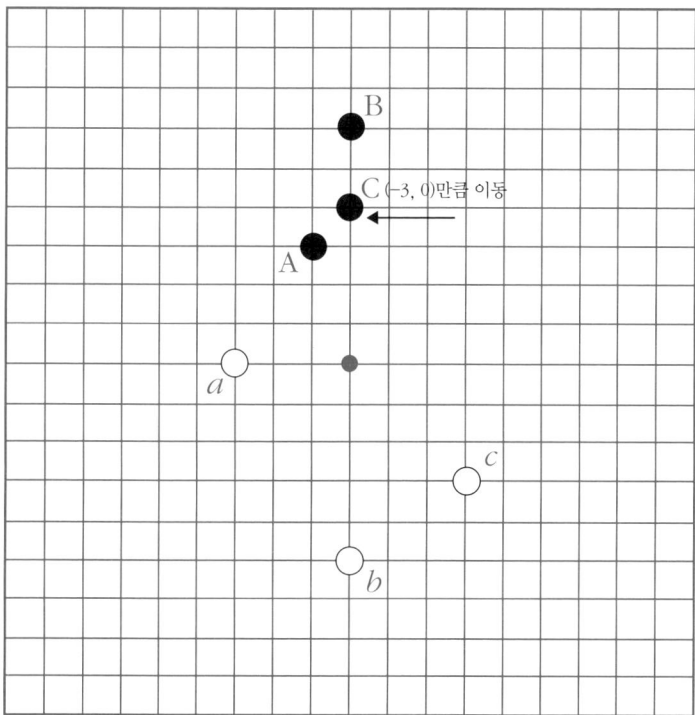

○ 철수는 첫 번째 카드로 0을, 두 번째 카드로 1을 뽑았다. 그래서 흰 바둑알 b를 (0, +1)만큼 옮겼다.

〈철수〉

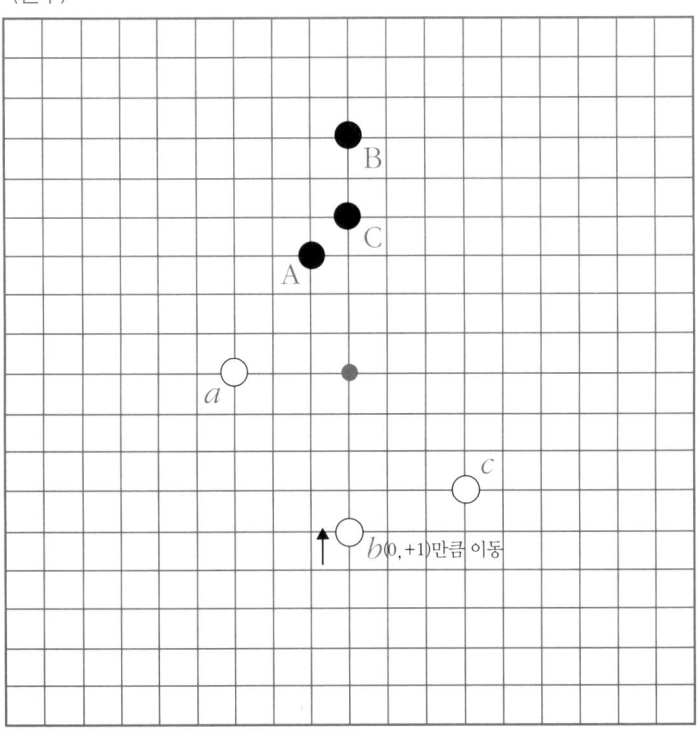

● 영희는 첫 번째 카드로 −3을, 두 번째 카드로 −6을 뽑았다.

그래서 검은 바둑알 B를 이동하면서 흰 바둑알 a를 잡았다.

〈영희〉

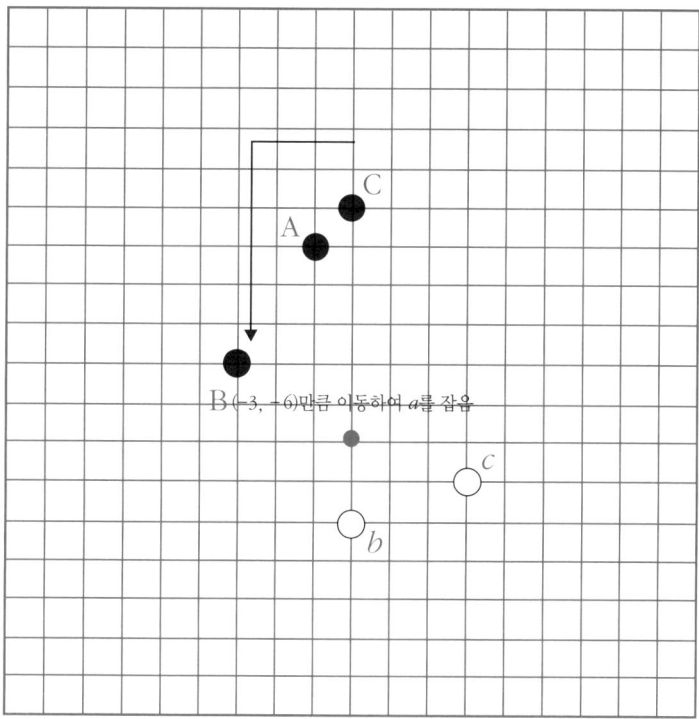

C

A

B(−3, −6)만큼 이동하여 a를 잡음

c

b

● 철수의 바둑알이 잡혔기 때문에 영희는 2장의 카드를 더 뽑았다. 첫 번째 카드로 +6을, 두 번째 카드로 −3을 뽑았다. 영희는 다시 검은 바둑알 B를 옮기며 흰 바둑알 c를 잡았다.

〈영희〉

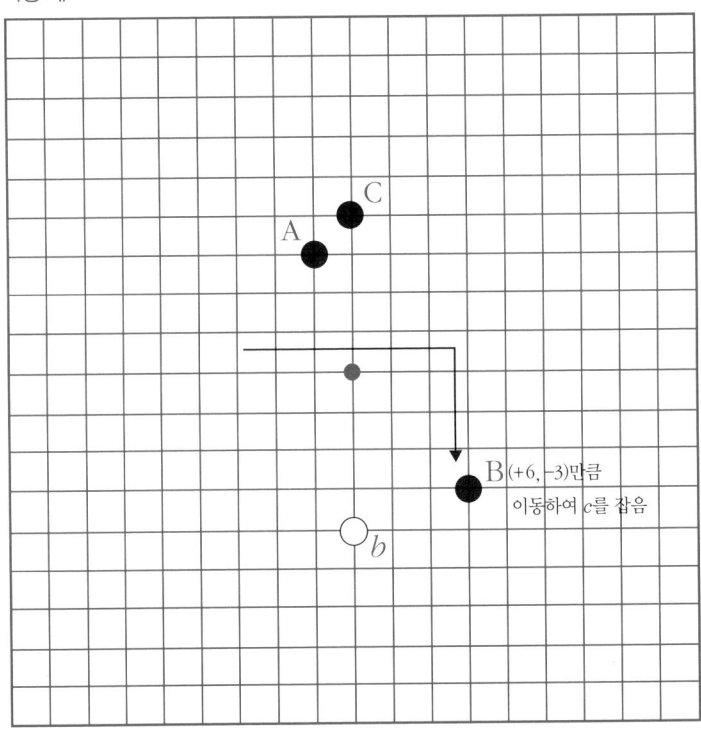

● 철수의 바둑알이 잡혔기 때문에 영희는 2장의 카드를 더 뽑았다. 첫 번째 카드로 −1을, 두 번째 카드로 +2를 뽑았다. 영희는 또 B의 검은 바둑알을 (−1, +2)만큼 이동했다.

〈영희〉

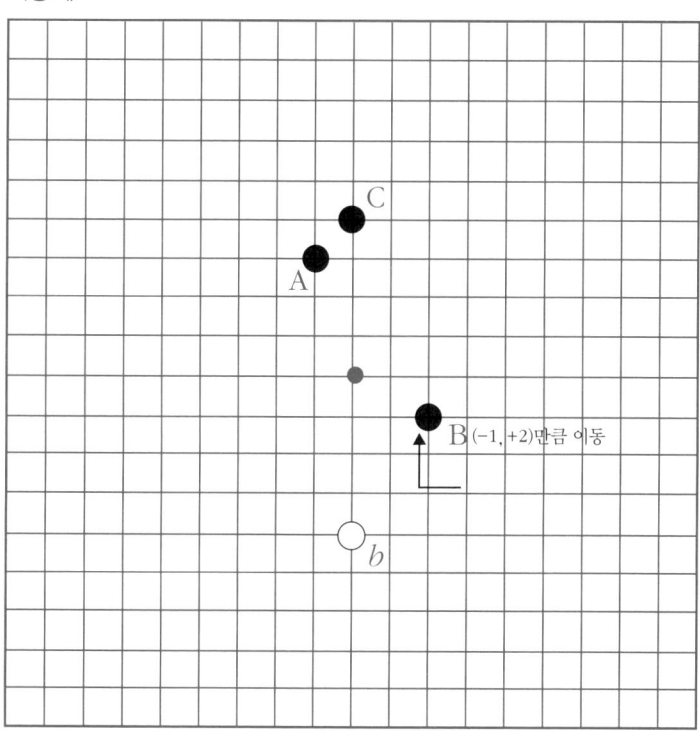

○ 철수는 첫 번째 카드로 0을, 두 번째 카드로 +4를 뽑았다. 철수의 흰 바둑알 b는 y 방향으로 4만큼 이동하여 (0, 0)에 도달했다.

〈철수〉

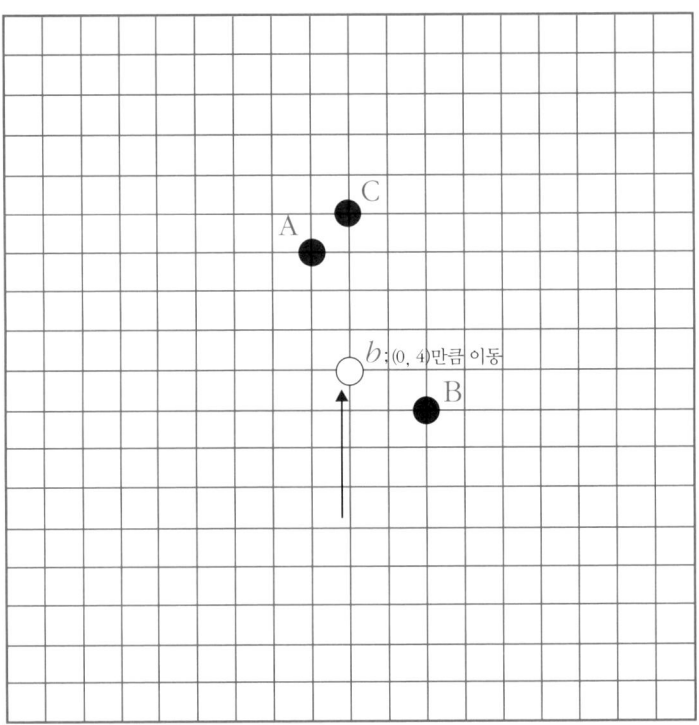

철수의 바둑알이 원점으로 먼저 이동했군요. 그러므로 철수의 승리입니다. 이렇게 점의 이동을 이용하여 재미있는 놀이를 할 수 있습니다.

장군님, 현재 적의 군함이 좌표 (2, 3) 지역에 와 있습니다.

그래? 멀지 않은 곳에 있군.

잉? 어떻게 숫자만 듣고 적과 우리의 위치를 알 수 있는 거지?

이런, 아직도 좌표에 대해 모르는 병사가 있나? 이걸 보게. 여기 이런 바둑판 모양의 판 가운데 점을 중심으로 서로 수직인 두 직선을 긋고 수평 방향의 직선을 x축, 수직 방향의 직선을 y 축이라고 하세.

그리고 x축과 y 축이 만나는 점을 원점, 원점의 좌표를 O(0, 0)이라고 하면 원점에서 x축을 따라 오른쪽으로 이동하면 x의 값이 양수가 되고, 왼쪽으로 가면 음수가 된다네. 즉, 원점에서 y 축을 따라 위로 가면 y 의 값이 양수가 되고, 아래로 가면 음수가 되겠지?

자, 이제 여기에 적의 배가 위치하고 있다면 배가 위치하는 점의 x값이 +2이고, y 값이 +3이므로 좌표는 (+2, +3)이라고 쓴다네. 그런데 +2는 2와, +3은 3과 같으므로 이 점의 좌표는 (2, 3)으로 쓸 수 있지.

이와 같이 괄호 안에 2개의 수를 써서 판 위의 모든 점을 나타낼 수가 있다네. 이때 앞에 쓴 숫자는 x축 방향으로의 위치를 나타내므로

x좌표라고 하고, 뒤에 쓴 숫자는 y축 방향으로의 위치를 나타내므로 y좌표라고 하니까 명심하게.

그리고 x축에 있는 점의 좌표는 (어떤 수, 0)이고, y 축 위에 있는 점은 (0, 어떤 수)의 꼴로 나타난다는 것도 명심하게.

네, 알겠습니다.

4

두 점 사이의 거리

두 점 사이의 거리는 어떻게 정의할까요?
평면 위의 두 점 사이의 거리를 구하는 공식을 찾아봅시다.

4

네 번째 수업

두 점 사이의 거리

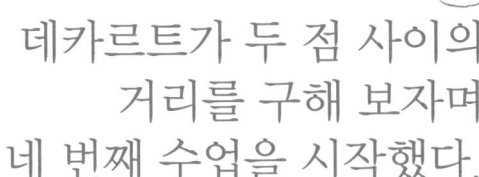

데카르트가 두 점 사이의
거리를 구해 보자며
네 번째 수업을 시작했다.

먼저 수직선 위에 있는 두 점 사이의 거리를 구해 보죠. 예를 들어, 두 점 A(2), B(5) 사이의 거리를 구해 봅시다. 두 점을 수직선 위에 나타내면 다음과 같습니다.

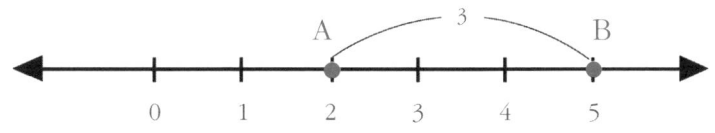

$(\overline{AB}\text{의 거리}) = 5 - 2 = 3$

두 점 사이의 거리는 3이죠? 이 값은 B의 좌표에서 A의 좌표를 뺀 값입니다.

좌표가 음수인 경우는 어떻게 될까요? 두 점 A(−1), B(+1) 사이의 거리를 구해 봅시다. 두 점은 다음과 같습니다.

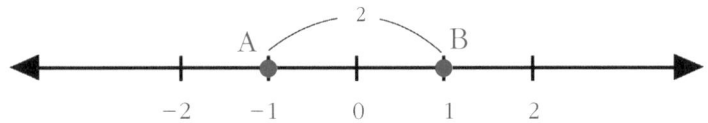

두 점 사이의 거리는 2이죠?

$$(\overline{AB}\text{의 거리}) = 1 - (-1) = 2$$

그러므로 수직선에서 두 점 사이의 거리는 큰 수의 좌표에서 작은 수의 좌표를 빼 주면 됩니다. 예를 들어, A(−3), B(−1) 사이의 거리는 −1이 −3보다 크므로 −1−(−3)=2가 되지요.

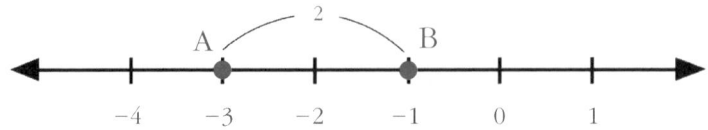

데카르트가 들려주는 함수 이야기

평면에서의 두 점 사이의 거리

그렇다면 평면에서 두 점 사이의 거리는 어떻게 구할까요? 이것은 피타고라스의 정리를 이용하여 구합니다.

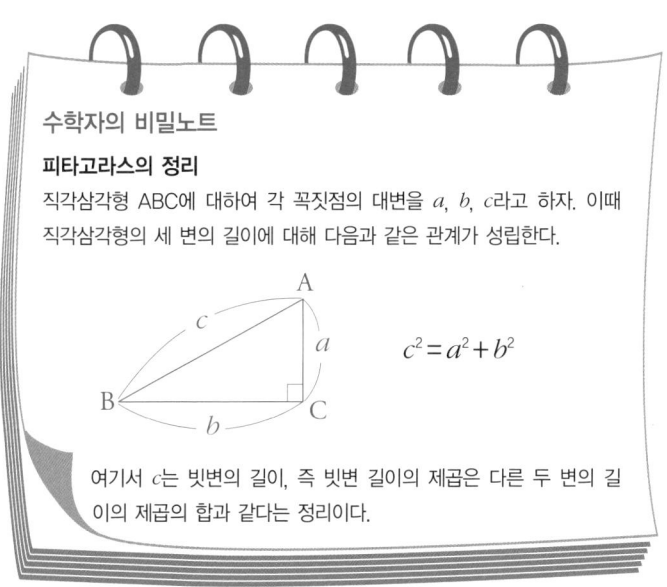

수학자의 비밀노트

피타고라스의 정리

직각삼각형 ABC에 대하여 각 꼭짓점의 대변을 a, b, c라고 하자. 이때 직각삼각형의 세 변의 길이에 대해 다음과 같은 관계가 성립한다.

$$c^2 = a^2 + b^2$$

여기서 c는 빗변의 길이, 즉 빗변 길이의 제곱은 다른 두 변의 길이의 제곱의 합과 같다는 정리이다.

우선 원점과 A(3, 4) 사이의 거리를 구해 봅시다. 원점과 점 A를 나타내면 다음 페이지와 같습니다.

이때 A에서 수선을 내려 x축과 만나는 점을 A′이라고 합시다. 이때 삼각형 AOA′은 직각삼각형입니다. 그리고 우리가 구하고자 하는 두 점 사이의 거리 $\overline{OA}$는 이 삼각형의 빗변의

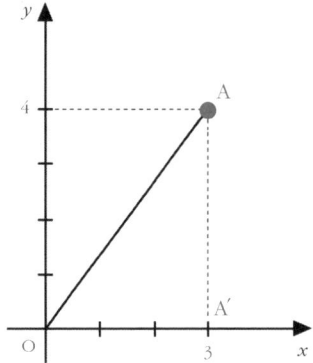

길이입니다. 빗변이 아닌 두 변의 길이는 $\overline{OA'}=3$, $\overline{AA'}=4$이므로 피타고라스의 정리에 의해 $\overline{OA}^2=\overline{OA'}^2+\overline{AA'}^2$이 되어 다음과 같이 구할 수 있습니다.

$$\overline{OA}^2=3^2+4^2=25=5^2$$

그러므로 두 점 사이의 거리는 $\overline{OA}=5$가 되지요.
정리하면 다음과 같습니다.

원점과 P$(a,\ b)$ 사이의 거리를 L이라고 하면 $L^2=a^2+b^2$이다.

그렇다면 원점이 아닌 두 점 사이의 거리는 어떻게 구할까요? 예를 들어, 두 점 A$(1,\ 2)$, B$(4,\ 6)$ 사이의 거리를 구해 봅시다. 두 점은 다음과 같습니다.

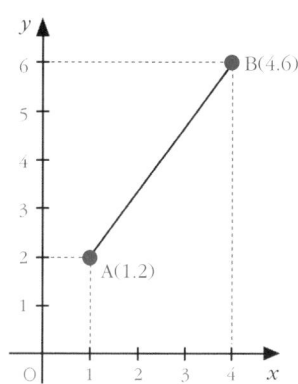

우리가 구하려고 하는 것은 $\overline{AB}$의 길이입니다.

데카르트는 $\overline{AB}$의 길이와 같게 철사를 잘라 $\overline{AB}$ 위에 놓았다. 그리고 철사의 한쪽 끝인 A가 원점과 일치하도록 평행이동시켰다.

철사의 한 점 A가 원점이 되었군요. 이 경우 철사의 길이는 달라지지 않습니다. 따라서 앞의 원리를 이용하여 두 점 A, B 사이의 거리를 구할 수 있습니다. A의 좌표가 (1, 2)이므로 원점 (0, 0)으로 이동하기 위해서는 x축 방향으로 −1, y축 방향으로 −2만큼 이동시켜야 합니다. 이때 철사의 다른 한쪽 끝인 B점도 x축 방향으로 −1, y축 방향으로 −2만큼 이동하게

됩니다. 이렇게 이동된 점을 B′이라고 하면 다음과 같습니다.

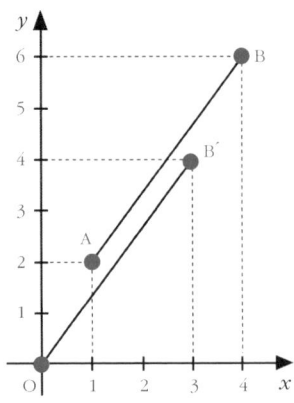

$$(\text{B}′의 \; x좌표) = (\text{B}의 \; x좌표) + (-1) = 4 + (-1) = 4 - 1$$
$$(\text{B}′의 \; y좌표) = (\text{B}의 \; y좌표) + (-2) = 6 + (-2) = 6 - 2$$

그러므로 우리가 구하려고 했던 거리 $\overline{\text{AB}}$는 $\overline{\text{OB}′}$과 같아집니다. 이 거리를 L이라고 하면 다음과 같습니다.

$$\text{L}^2 = (4-1)^2 + (6-2)^2 = 5^2$$

이 식을 계산하면 L = 5가 되지요. 그러므로 임의의 두 점 사이의 거리의 제곱은 두 점의 x좌표의 차의 제곱과 y좌표의 차의 제곱의 합이 됩니다.

중점의 좌표

두 점 사이의 거리를 이등분하는 점의 좌표를 두 점의 중점이라고 합니다.

수직선 위의 두 점 A(1), B(5)의 중점을 구해 봅시다.

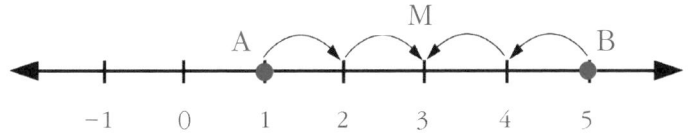

$\overline{AB}$의 거리는 4이죠? 그러므로 A와 B의 중점을 M이라고 하면 A에서 M까지의 거리와 M에서 B까지의 거리는 2입니다. 따라서 점 A(1)에서 2를 더 간 점이 바로 중점의 좌표 M입니다. 그러므로 M의 좌표는 $1+2=3$입니다.

여기서 3은 어떻게 나왔을까요? A의 좌표와 B의 좌표를 더하면 6이 되지요? 이것을 2로 나누면 바로 3이 됩니다. 그러므로 중점 M의 좌표는 두 점의 좌표의 합을 2로 나눈 값이 됩니다.

$$(\text{중점 M의 좌표}) = \frac{(\text{A의 좌표})+(\text{B의 좌표})}{2}$$

그렇다면 평면에서의 중점의 좌표는 어떻게 될까요? 두 점 A(2, 4), B(6, 2)의 중점을 구해 봅시다.

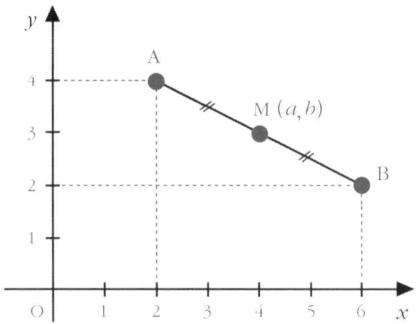

중점의 좌표를 M(a, b)라고 합시다. A, M, B에서 x축에 내린 수선이 x축과 만나는 점을 A′, M′, B′이라고 합시다.

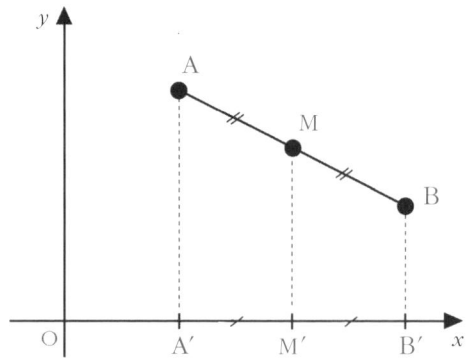

이때 A′, M′, B′의 좌표는 다음과 같습니다.

A′(2, 0), M′(a, 0), B′(6, 0)

이때 $\overline{\mathrm{AM}}$의 길이와 $\overline{\mathrm{MB}}$의 길이가 같으므로 $\overline{\mathrm{A′M′}}$의 길이와 $\overline{\mathrm{M′B′}}$의 길이가 같습니다. $\overline{\mathrm{A′M′}}$의 길이는 $(a-2)$이고 $\overline{\mathrm{M′B′}}$의 길이는 $(6-a)$이므로 $a-2=6-a$ 에서 이항하면 $2 \times a = 6+2$ 가 되고 양변을 2로 나누면 $a = \dfrac{6+2}{2}$가 됩니다. 그러므로 중점의 x좌표는 다음과 같이 말할 수 있습니다.

$$(\text{중점 M의 } x \text{좌표}) = \frac{(\mathrm{A의}\ x\text{좌표})+(\mathrm{B의}\ x\text{좌표})}{2}$$

이번에는 A, M, B에서 y축으로 수선을 내려 봅시다. 이때 y축과 만나는 점을 A″, M″, B″이라고 합시다.

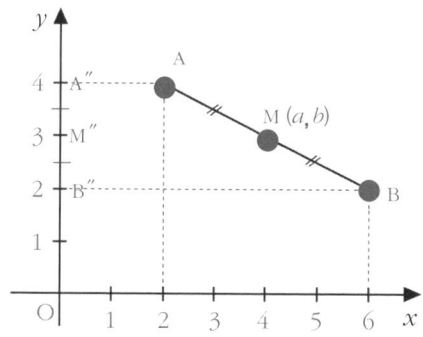

이때 A″, M″, B″의 좌표는 다음과 같습니다.

A″(0, 4), M″(0, b), B″(0, 2)

이때 $\overline{AM}$의 길이와 $\overline{MB}$의 길이가 같으므로 $\overline{A″M″}$의 길이와 $\overline{M″B″}$의 길이가 같습니다. 즉, $\overline{A″M″}$의 길이는 $(4-b)$이고 $\overline{M″B″}$의 길이는 $(b-2)$이므로, $4-b=b-2$에서 이항하면 $2 \times b = 2+4$가 되고 양변을 2로 나누면 $b=\dfrac{2+4}{2}$가 됩니다. 그러므로 중점의 y좌표는 다음과 같이 말할 수 있습니다.

$$(\text{중점 M의 } y\text{좌표}) = \frac{(\text{A의 } y\text{좌표})+(\text{B의 } y\text{좌표})}{2}$$

중점의 좌표 공식을 이용하면, 평행사변형에서 세 꼭짓점의 좌표로 다른 한 꼭짓점의 좌표를 알 수 있습니다.

예를 들어, 평행사변형 ABCD의 세 꼭짓점이 다음과 같다고 합시다.

A(−1, 6), C(0, 4), D(5, 6)

이때 꼭짓점 B의 좌표를 그림을 그리지 않고도 알 수 있습니다. 일단 B의 좌표를 (a, b)라고 합시다.

평행사변형에서는 두 대각선이 서로를 이등분합니다. 즉, 두 대각선이 만나는 점 M은 $\overline{AC}$의 중점이면서 동시에 $\overline{BD}$의 중점입니다.

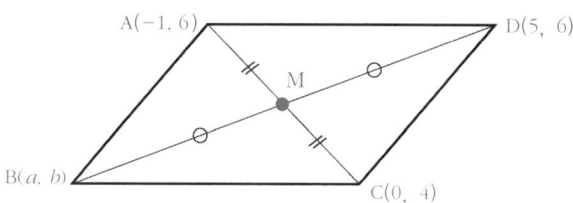

이렇게 두 중점이 일치하므로 다음 식이 성립하지요.

$$(\overline{AC}\text{의 중점의 }x\text{좌표}) = (\overline{BD}\text{의 중점의 }x\text{좌표})$$

따라서 $\dfrac{a+5}{2} = \dfrac{-1+0}{2}$이 되어 $a = -6$이 되지요.
마찬가지로 y좌표에 대해서 다음 식이 성립하지요.

$$(\overline{AC}\text{의 중점의 }y\text{좌표}) = (\overline{BD}\text{의 중점의 }y\text{좌표})$$

즉, $\dfrac{b+6}{2} = \dfrac{6+4}{2}$가 되어 $b = 4$가 됩니다.
따라서 나머지 꼭짓점의 좌표는 B(−6, 4)가 되지요.

장군님, 이제 좌표에 대해서는 잘 알겠습니다만 혹시 좌표에서 두 점 사이의 거리도 알 수 있을까요?

흠, 좋은 질문이군. 좋아, 설명해 주도록 하지.

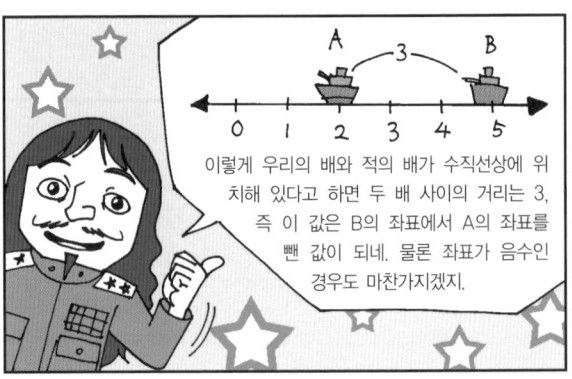

이렇게 우리의 배와 적의 배가 수직선상에 위치해 있다고 하면 두 배 사이의 거리는 3, 즉 이 값은 B의 좌표에서 A의 좌표를 뺀 값이 되네. 물론 좌표가 음수인 경우도 마찬가지겠지.

그러니까 수직선상에서 두 점 사이의 거리는 큰 수의 좌표에서 작은 수의 좌표를 빼 주면 되는 것일세. 자, 그렇다면 평면 위의 두 점 사이의 거리는 어떻게 구할까? 그건 피타고라스의 정리를 이용해서 구한다네.

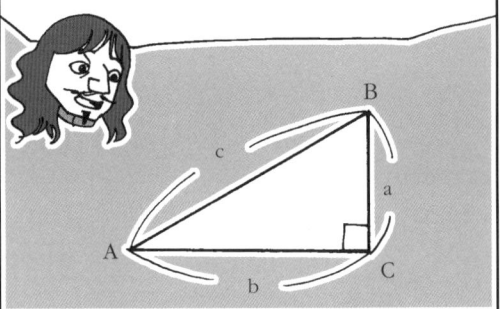

자네 피타고라스의 정리에 대해선 알고 있겠지? 직각삼각형의 세 변의 길이에 대해서 $c^2 = a^2 + b^2$의 관계가 성립한다는 것이 피타고라스의 정리지.

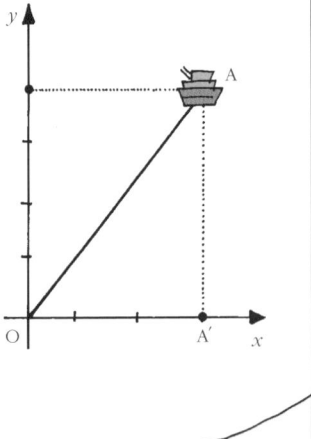

자, 이제 좌표에 배가 위치해 있을 때 원점에서 이 배까지의 거리를 구해 볼까? 먼저 점 A에서 수선을 내려 x축과 만나는 점을 A′이라고 하면 삼각형 AOA′는 직각삼각형이 되겠지? 그럼 우리가 구하고자 하는 두 점 사이의 거리 $\overline{OA}$는 이 직각삼각형의 빗변의 길이를 구하면 되는 거지.

$\overline{OA'} = 3$, $\overline{AA'} = 4$이므로 피타고라스의 정리에 의해 $\overline{OA}^2 = \overline{OA'}^2 + \overline{AA'}^2$이 되네. 계산하면 $\overline{OA}^2 = 3^2 + 4^2 = 25 = 5^2$이 되지. 따라서 두 점 사이의 거리는 $\overline{OA} = 5$가 된다네. 이제 알겠나?

네! 잘 알겠습니다.

5

삼각형의 넓이

좌표를 이용하여 도형의 넓이를 구할 수 있습니다.
삼각형의 넓이를 구하는 공식을 알아봅시다.

5

다섯 번째 수업

삼각형의 넓이

데카르트는 좌표평면에
삼각형 하나를 그리며
다섯 번째 수업을 시작했다.

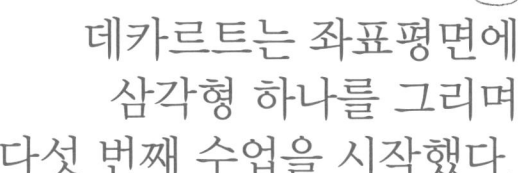

다음 삼각형을 봅시다.

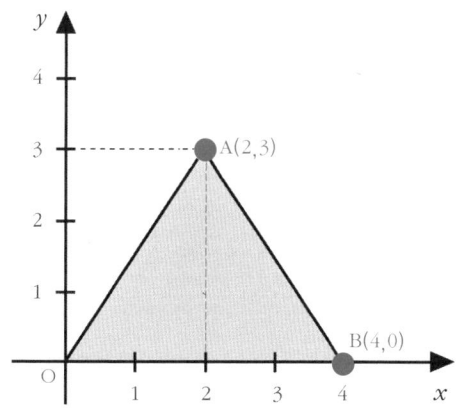

삼각형의 세 꼭짓점의 좌표는 다음과 같습니다.

O(0, 0), A(2, 3), B(4, 0)

삼각형의 넓이는 밑변의 길이와 높이의 곱을 2로 나눈 값으로 정의되지요. 하지만 밑변의 길이와 높이 대신 삼각형의 꼭짓점의 좌표가 주어진 경우에도 넓이를 구할 수 있습니다.

앞의 삼각형 밑변의 길이는 $\overline{OB}$의 길이이므로 4입니다. 또한 높이는 점 A의 y좌표이므로 3이 됩니다. 따라서 삼각형의 넓이를 S라고 하면 다음과 같이 되지요.

$$S = \frac{1}{2} \times 4 \times 3$$

이것을 다시 써 보면 다음과 같이 말할 수 있습니다.

$$S = \frac{1}{2} \times (B의 \ x좌표) \times (A의 \ y좌표)$$

물론 이 삼각형은 점 B가 x축에 놓여 있는 특별한 경우입니다. 이번에는 좀 더 일반적인 경우를 봅시다. 다음 삼각형을 보죠.

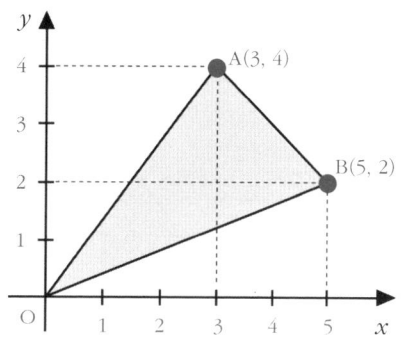

삼각형의 세 꼭짓점은 다음과 같습니다.

O(0, 0),   A(3, 4),   B(5, 2)

이제 삼각형의 넓이를 구해 봅시다. 점 A, B에서 수선을 내려 x축과 만나는 점을 각각 A′, B′이라고 하면 다음 그림과 같습니다.

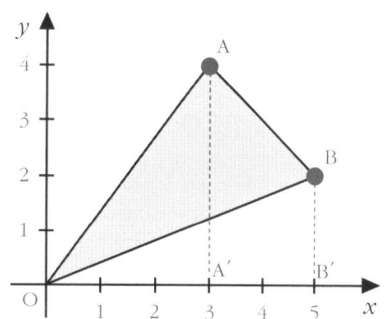

이때 삼각형 AOB의 넓이는 다음과 같이 구할 수 있습니다.

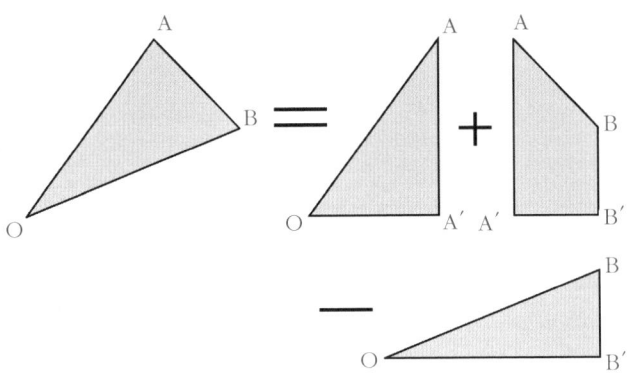

즉, 식으로 쓰면 다음과 같지요.

(삼각형 AOB 넓이 S)

= (삼각형 AOA′ 넓이) + (사다리꼴 AA′B′B 넓이)

  − (삼각형 BOB′ 넓이)

이것을 계산하면 다음과 같습니다.

$$S = \frac{1}{2} \times 3 \times 4 + \frac{1}{2} \times (4+2) \times 2 - \frac{1}{2} \times 5 \times 2$$

$$= \frac{1}{2} \times (3 \times 4 + (4+2) \times 2 - 5 \times 2)$$

$$= \frac{1}{2} \times (3 \times 4 + 4 \times 2 + 2 \times 2 - 5 \times 2)$$

$$= \frac{1}{2} \times \{(3+2) \times 4 - 2 \times (5-2)\}$$

$$= \frac{1}{2} \times (5 \times 4 - 2 \times 3)$$

이 식을 자세히 보면 다음과 같이 됩니다.

(삼각형 AOB의 넓이 S)
$= \frac{1}{2} \times \{$(A의 y좌표)$\times$(B의 x좌표)$-$(A의 x좌표)$\times$(B의 y좌표)$\}$

물론 이때 음의 값이 나올 수 있습니다. 그런 경우는 음의 부호를 뺀 값이 구하는 삼각형의 넓이이지요.

만화로 본문 읽기

무슨 어려운 문제라도 풀고 있나요?

네, 삼각형의 넓이를 구하는 문제인데 삼각형이 좌표평면에 그려져 있어서 길이를 구할 수가 없어요.

삼각형의 꼭짓점의 좌표를 알면 넓이를 구할 수 있어요.

정말요? 그럼 저 좀 도와주세요.

점 A, B의 수선을 내려 x축과 만나는 점을 각각 A', B'이라고 하면 다음 그림과 같지요.

이때 삼각형 OAB의 넓이는 이렇게 구할 수 있겠지요?

아. 그렇군요. 이렇게 나누어 구하는 방법이 있었네요.

이것의 식을 쓰고 풀면…, 이러한 결과가 나오지요.

$$= \left(3 \times 4 \times \frac{1}{2}\right) + \left\{(2+4) \times 2 \times \frac{1}{2}\right\} - \left(5 \times 2 \times \frac{1}{2}\right)$$

$$= \frac{1}{2} \times (3 \times 4 + (4+2) \times 2 - 5 \times 2)$$

$$= \frac{1}{2} \times (3 \times 4 + 4 \times 2 + 2 \times 2 - 5 \times 2)$$

$$= \frac{1}{2} \times \{(3+2) \times 4 - (5-2) \times 2\}$$

$$= \frac{1}{2} \times (5 \times 4 - 3 \times 2)$$

왜 그렇게 어렵게 푸세요?

이 식을 통해서 공식을 유도해 낼 수 있거든요. 자, 식을 보세요. 만약 이 식의 값이 음수라면 부호를 뗀 값이 구하는 삼각형의 넓이이지요.

$$S = \frac{1}{2} \times \{(B의\ x좌표) \times (A의\ y좌표) - (A의\ x좌표) \times (B의\ y좌표)\}$$

6

정비례 이야기

한쪽이 2배가 되면 그에 대응하는 양도 2배가 되는 경우가 있습니다.
정비례에 대해 알아봅시다.

6

여섯 번째 수업

정비례 이야기

데카르트는 여섯 번째 수업을 위해 학생들을 데리고 비디오 가게로 갔다.

오늘은 정비례 관계에 대해 알아봅시다.

데카르트는 학생들을 데리고 비디오 가게로 갔다. 그리고 비디오 1

개를 빌려 카운터에 놓았다. 점원에

게 대여료를 물었더니 1개당

1000원이라고 했다.

데카르트는 학생들에게 각자

빌리고 싶은 비디오를 가지고

오라고 했다. 비디오가 2개가

되자 점원은 2000원을, 3개가

되자 3000원을 달라고 했다.

이것이 바로 정비례입니다. 비디오의 개수와 대여료를 나열해 보죠.

비디오 개수(개)	대여료(원)
1	1000
2	2000
3	3000

비디오의 개수와 대여료의 관계를 표로 정리해보니 정비례가 무엇인지 감이 오나요?

＿네, 조금 알 것 같아요.

이것을 다음처럼 쓸 수 있습니다.

비디오 개수(개)	대여료(원)
1	1000×1
2	1000×2
3	1000×3

비디오의 개수를 x, 그에 대응되는 대여료를 y라고 하면 x가 2배, 3배, 4배, …로 변할 때 y도 2배, 3배, 4배, …로 변합니다. 이때 y는 x에 정비례한다고 말합니다. 즉, x와 y의 관계는 다음과 같지요.

$y = 1000x$

그러므로 y가 x에 정비례하면 y는 x의 일차함수의 꼴이 되지요. 이때 1000을 정비례의 비례상수라고 합니다.

$y = ax$ (a는 0이 아닌 일정한 수)의 관계가 있으면 y는 x에 정비례 한다 또는 비례한다고 하며 이때 a를 비례상수라고 한다.

정비례의 예

정비례의 다른 예를 들어 봅시다.

데카르트는 조그만 원판을 가지고 왔다. 그리고 원판의 둘레에 인주를 묻혀 종이 위에 굴렸다. 원판이 굴러가면서 종이에는 직선이 그려졌다. 이 원판의 지름은 2cm이고, 종이에 그려진 직선의 길이는 25.12cm였다.

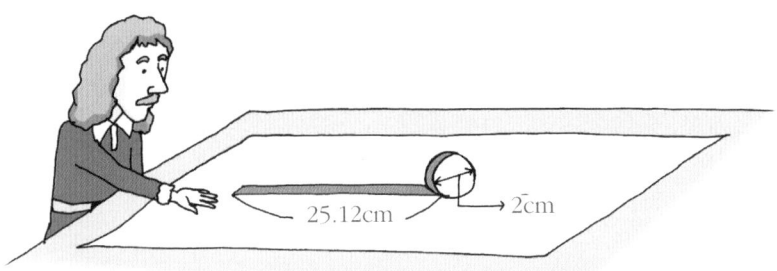

직선을 그리는 동안 원판이 몇 바퀴 돌았을까요? 이것도 정비례를 이용하면 쉽게 해결할 수 있답니다. 먼저 원둘레의 길이를 구하는 방법은 다음과 같습니다.

(원둘레의 길이)=(지름)×3.14

그러므로 지름이 2cm인 원둘레의 길이는 $2 \times 3.14 = 6.28$이 되어, 이 원판이 1번 구르면 6.28cm의 직선이 그려집니다.

원판의 회전수(회)	직선의 길이(cm)
1	6.28×1
2	6.28×2
3	6.28×3
4	6.28×4

그러므로 원판이 회전을 많이 할수록 긴 직선이 그려집니다. 이때 원판이 2번 구르면 1번 굴렀을 때의 2배만큼의 직선이 만들어지지요. 그러므로 원판의 회전수와 직선의 길이 사이에는 정비례 관계가 성립합니다. 이제 원판의 회전수와 직선의 길이 사이의 관계를 보죠.

이 값을 계산하면 다음과 같습니다.

원판의 회전수(회)	직선의 길이(cm)
1	6.28
2	12.56
3	18.84
4	25.12
$\vdots$	$\vdots$
x	y

　　직선의 길이가 25.12cm이므로 원판이 4바퀴 회전했다는 것을 알 수 있습니다. 이때 원판의 회전수를 x라고 하고 직선의 길이를 y라고 하면

$$y = 6.28x$$

가 됩니다. 즉, 이 정비례의 비례상수는 6.28입니다.

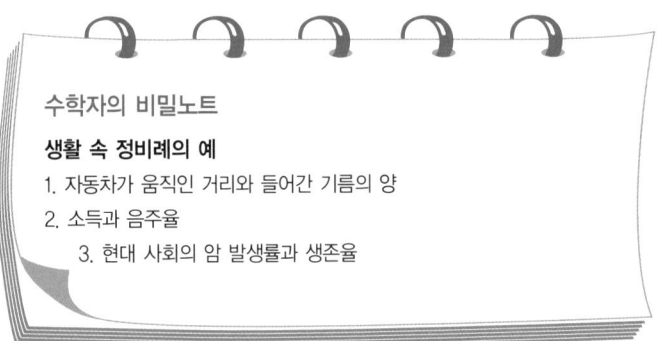

수학자의 비밀노트

생활 속 정비례의 예

1. 자동차가 움직인 거리와 들어간 기름의 양
2. 소득과 음주율
3. 현대 사회의 암 발생률과 생존율

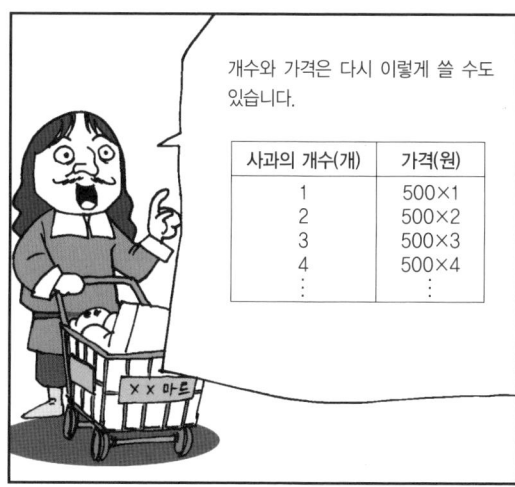

7

반비례 이야기

한쪽이 2배가 되면 그에 대응되는 양은 절반이 되는 경우가 있습니다.
반비례에 대해 알아봅시다.

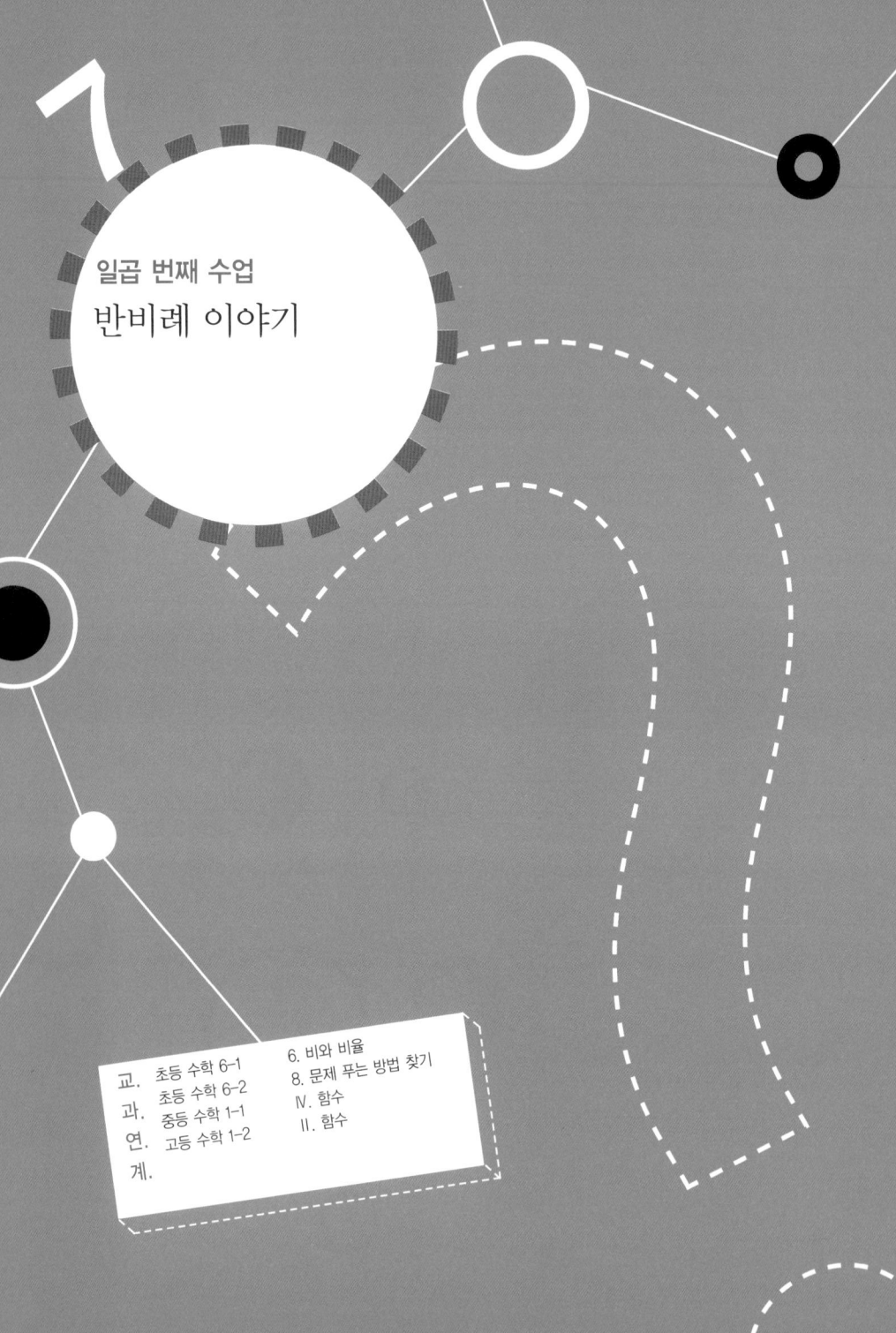

일곱 번째 수업

반비례 이야기

데카르트는 만두를 나누어 주며
일곱 번째 수업을 시작했다.

데카르트는 만두 12개가 담긴 접시를 가지고 왔다. 학생들은 군침을 흘리기 시작했다.

만두를 1명에게 나누어 주면 한 사람이 가지는 만두의 수는 12개입니다.

만두를 2명에게 나누어 주면 한 사람이 가지는 만두의 수는 6개입니다.

만두를 3명에게 나누어 주면 한 사람이 가지는 만두의 수
는 4개입니다.

만두를 4명에게 나누어 주면 한 사람이 가지는 만두의 수
는 3개입니다.

　나누어 주는 사람의 수가 늘어날수록 한 사람이 가지는 만두의 수는 줄어드는군요. 이것을 정리해 봅시다.

나누어 갖는 사람 수(명)	한 사람이 가지는 만두의 수(개)
1	12
2	6
3	4
4	3

이것을 다음과 같이 쓸 수 있습니다.

나누어 주는 사람 수(명)	한 사람이 가지는 만두의 수(개)
1	12×1
2	$12 \times \dfrac{1}{2}$
3	$12 \times \dfrac{1}{3}$
4	$12 \times \dfrac{1}{4}$

그러므로 나누어 주는 사람의 수를 x라 하고 한 사람이 가지는 만두의 수를 y라고 하면 x의 값이 2배, 3배, 4배, …로 변할 때의 y값은 $\dfrac{1}{2}$배, $\dfrac{1}{3}$배, $\dfrac{1}{4}$배, …로 변합니다. 이럴 때 y는 x에 반비례한다고 하며 식으로 나타내면

$$y = 12 \times \dfrac{1}{x} = \dfrac{12}{x}$$

가 됩니다. 이때 12를 반비례의 비례상수라고 합니다.

이 식의 양변에 x를 곱하면

$$xy = 12$$

가 됩니다. 이것도 반비례의 다른 표현입니다.

$y = \dfrac{a}{x}$ (a는 0이 아닌 일정한 수, $x \neq 0$)의 관계가 있으면 y는 x
에 반비례한다고 한다. 이때 a를 비례상수라고 한다.

반비례의 예

반비례의 또 다른 예를 들어 봅시다. 다음과 같은 직사각형
을 봅시다.

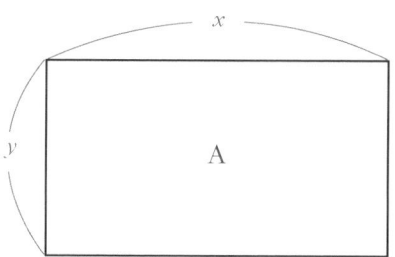

가로, 세로의 길이를 모른다고 합시다. 이 직사각형의 넓이
는 변하지 않을 때, 가로의 길이가 25% 증가하면 세로의 길
이는 몇 % 감소해야 할까요?

이 문제는 반비례의 관계를 이용하는 예입니다. 처음 직사

각형의 가로, 세로의 길이를 각각 x, y라고 하고 넓이를 A라고 하면 다음과 같은 식을 쓸 수 있습니다.

$$xy = A$$

즉, x와 y는 반비례하지요.

이제 25% 증가한 가로의 길이를 x'이라고 하면 다음과 같습니다.

$$x' = x + 0.25x = 1.25\,x = \frac{5}{4}x$$

이때 달라진 세로의 길이를 y'이라고 하면 넓이가 달라지지 않으므로

$$x'y' = A$$

입니다. 여기에 $x' = \frac{5}{4}x$를 넣으면 $\frac{5}{4}xy' = A$가 됩니다. 한편 $A = xy$이므로 $\frac{5}{4}xy' = xy$이고 양변을 x로 나누면 다음과 같이 됩니다.

$$\frac{5}{4}y' = y$$

양변에 $\frac{4}{5}$ 를 곱하면

$$y' = \frac{4}{5}y$$

가 되어 y' 은 원래 길이(y)의 $\frac{4}{5}$ 가 됩니다. 그러므로 세로의 길이는 20% 감소하지요.

수학자의 비밀노트

생활 속 반비례의 예

1. 학교까지의 거리와 등교하는데 걸리는 시간
2. 높이와 기압
3. 소득과 우울감
   4. 주가지수와 실업률

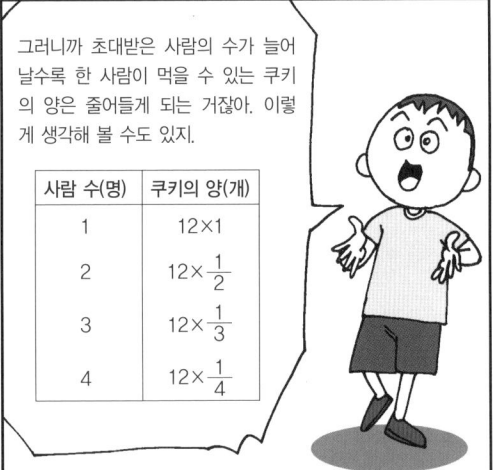

일차함수 이야기

x의 일차식이 y에 대응되는 경우가 있습니다.
일차함수에 대해 알아봅시다.

여덟 번째 수업
일차함수 이야기

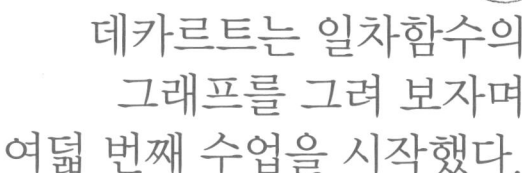

데카르트는 일차함수의
그래프를 그려 보자며
여덟 번째 수업을 시작했다.

오늘은 일차함수의 그래프를 그려 보겠습니다. 일차함수는 x의 일차식이 y에 대응되는 함수입니다. 일반적인 일차함수의 모습은 다음과 같습니다.

$$y = ax + b \; (a \neq 0)$$

데카르트는 바둑판 모양의 판을 가지고 와서 가운데 점을 중심으로 서로 수직인 두 직선을 테이프로 붙이고 수평 방향의 직선에 x축, 수직 방향의 직선에 y축이라고 썼다.

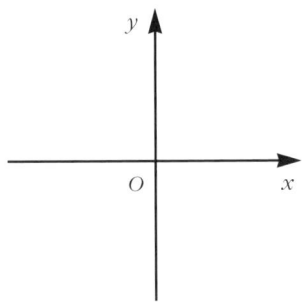

이제 함수의 그래프를 그려 보겠습니다.

먼저 정의역을 수 전체의 집합, 공역을 수 전체의 집합이라고 합시다. 이제 우리는 바둑알을 놓기 편한 몇 개의 x를 택할 것입니다.

예를 들어, $x = -2$, -1, 0, 1, 2인 5개의 점을 택해 봅시다.

$y = x$의 그래프를 그려 볼까요? 먼저 $x = -2$, -1, 0, 1, 2일 때 y의 값을 표로 나타내 봅시다.

x	-2	-1	0	1	2
y	-2	-1	0	1	2

x의 값과 y의 값이 같아지는군요. 그러니까 다음 5개의 점은 이 함수를 만족하는 점들입니다.

$(-2, -2)$, $(-1, -1)$, $(0, 0)$, $(1, 1)$, $(2, 2)$

데카르트는 이 점들의 위치에 바둑알을 놓았다.

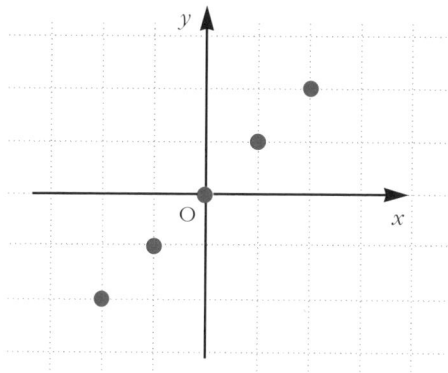

　이 그래프를 그릴 때 우리는 특별한 5개의 점을 택했습니다. 이 점들을 하나의 선으로 잇는다고 생각해 봅시다. 직선이 되겠지요? 따라서 모든 x의 값에 대해 그래프를 그리면 다음과 같이 직선이 됩니다.

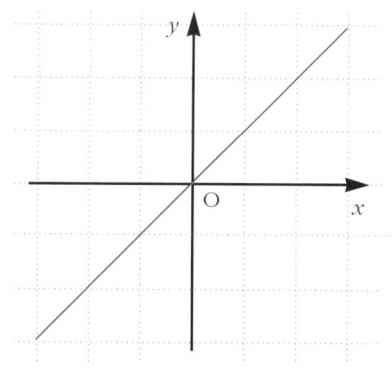

　모든 일차함수의 그래프는 이렇게 직선이 되지요. 이 직선을 보면 비스듬히 점점 위로 올라가는 모습입니다.

　이번에는 $y = 2x$의 그래프를 봅시다. $x = -2, -1, 0, 1, 2$일 때 y의 값을 표로 나타내 봅시다.

x	-2	-1	0	1	2
y	-4	-2	0	2	4

　x의 값과 y의 값이 비례하는군요? 그러니까 다음 5개의 점이 주어진 함수를 만족하는 점들입니다.

$$(-2, -4), (-1, -2), (0, 0), (1, 2), (2, 4)$$

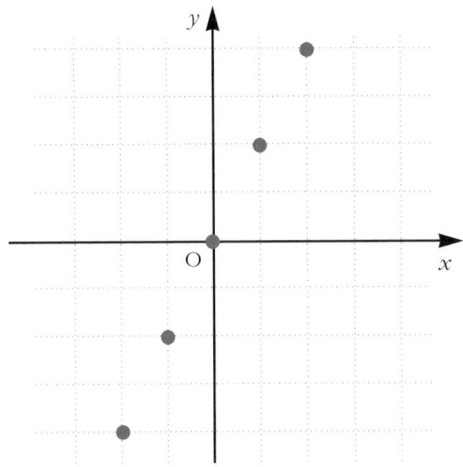

모든 x의 값에 대해 그래프를 그린다면 역시 비스듬히 점점 위로 올라가는 직선이 될 것입니다. 그런데 $y=x$의 그래프보다 가파르게 올라가고 있군요. 그러니까 $y=x$보다 심하게 기울어져 있는 직선입니다. 이때 직선이 기울어진 정도를 나타내는 값을 기울기라고 합니다.

그럼 어떻게 기울기를 정의할까요?

두 그래프를 함께 그려 봅시다.

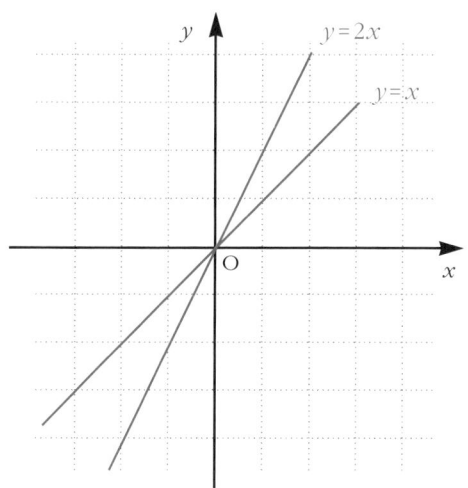

분명히 $y=2x$가 $y=x$보다 기울기가 더 큽니다. 두 직선이 얼마나 가파른지 알기 위해서는 x축 방향으로 같은 거리를 움직였을 때 y의 값이 얼마나 올라가는지를 따지면 됩니다. 두 그

래프에 대해 x가 0에서 1까지 변할 때 y의 값이 얼마나 변하는지 봅시다.

$y = x$는 x가 0에서 1로 변할 때 y는 0에서 1로 변한다.
$y = 2x$는 x가 0에서 1로 변할 때 y는 0에서 2로 변한다.

두 경우 (x의 변화량)은 $1-0=1$입니다. 하지만 (y의 변화량)은 다르지요.

$y = x$에서 (y의 변화량) $= 1-0 = 1$
$y = 2x$에서 (y의 변화량) $= 2-0 = 2$

이렇게 x의 변화량이 1일 때 y의 변화량을 일차함수의 기울기라고 합니다. 그러니까 $y = x$의 기울기는 1이고, $y = 2x$의 기울기는 2가 되지요.

어랏! 기울기가 비례상수와 같군요.

그렇습니다. $y = ax$의 그래프에서 a가 바로 기울기입니다. 즉, a가 양수($a>0$)일 때는 기울기가 클수록, 비례상수가 클수록 직선이 가파르게 올라간다는 사실을 알 수 있습니다.

그렇다면 기울기가 음수일 때는 어떻게 될까요? 예를 들어

$y = -x$를 봅시다. x의 5개의 값에 대한 y의 값을 표로 만들면 다음과 같이 됩니다.

x	-2	-1	0	1	2
y	2	1	0	-1	-2

x의 값과 y의 값이 부호가 반대이군요. 그러니까 다음 5개의 점은 이 함수를 만족하는 점들입니다.

$(-2, 2), (-1, 1), (0, 0), (1, -1), (2, -2)$

데카르트는 이 점들의 위치에 바둑알을 놓았다.

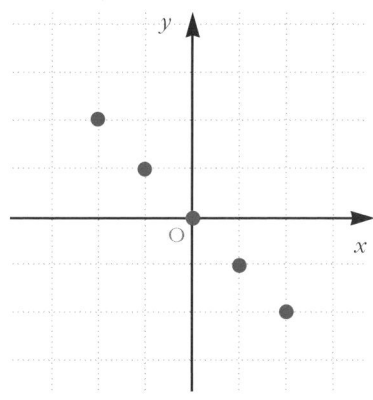

그래프가 비스듬히 점점 아래로 내려가는군요.

기울기가 음수인 일차함수는 점점 아래로 내려가는 직선을 나타냅니다.

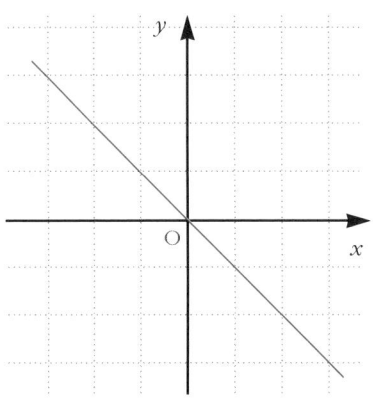

y축과 만나는 점

우리는 지금까지 $y=ax$꼴의 그래프를 그려 보았습니다. 그렇다면 $y=x+1$이나 $y=-2x+3$처럼 상수가 있는 경우의 그래프는 어떻게 될까요?

예를 들어, $y=x+1$의 그래프를 봅시다. 5개의 x값에 대한 y의 값을 표로 만들면 다음과 같습니다.

x	−2	−1	0	1	2
y	−1	0	1	2	3

그러니까 다음 5개의 점은 이 함수를 만족하는 점들입니다.

$(-2, -1), (-1, 0), (0, 1), (1, 2), (2, 3)$

데카르트는 이 점들의 위치에 바둑알을 놓았다.

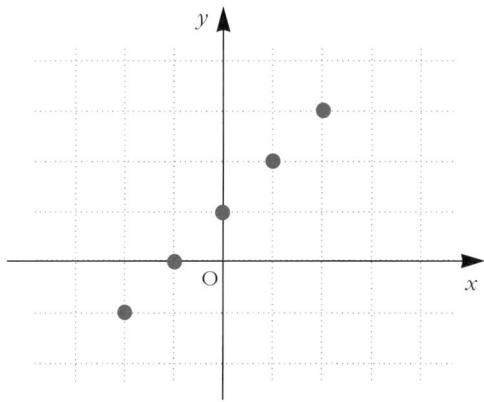

그래프 $y = x$의 점보다 모두 1칸씩 올라갔군요. 이 그래프
와 $y = x$의 그래프를 함께 그리면 다음 페이지와 같습니다.

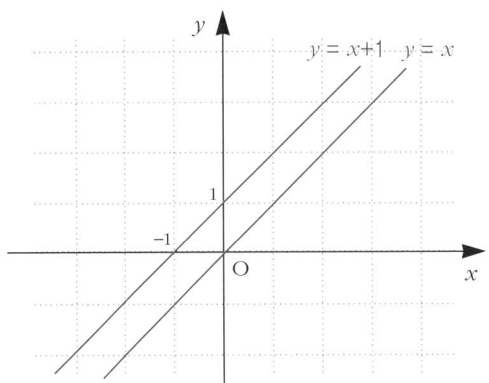

두 그래프는 평행하는 것으로 보아 기울기가 같습니다. 하지만 $y=x+1$은 $y=x$의 그래프보다 1만큼 위로 올라간 모습입니다. 그러니까 $y=x$의 그래프의 각 점을 위로 1만큼씩 이동시키면 $y=x+1$의 그래프가 되지요.

이때 y축과 만나는 점의 y의 값은 1입니다. 그 값은 바로 $y=x+1$의 상수 1이지요. 이 값을 y절편이라고 합니다.

그렇다면 $y=x-1$의 그래프는 어떻게 될까요?

데카르트의 말이 끝나자마자 학생들이 $y=x-1$의 그래프를 그렸다.

그렇지요. $y=x-1$의 그래프는 $y=x$의 그래프를 1만큼 아래로 이동한 모습입니다. 물론 $y=x-1$의 y절편은 -1이지요.

그러므로 다음과 같이 정리할 수 있습니다.

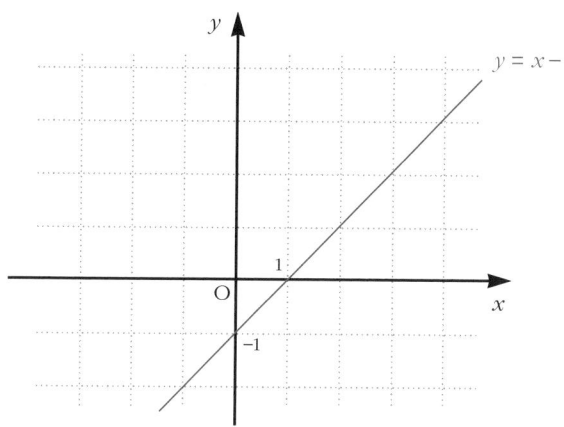

일차함수 $y = ax + b(a \neq 0)$에서 a는 기울기를, b는 y절편을 나타 낸다.

9

일차함수를 이용하는 문제

두 양이 일차함수의 관계를 만족하는 경우가 있습니다.
일차함수를 이용하는 문제를 알아봅시다.

9

일차함수를
이용하는 문제

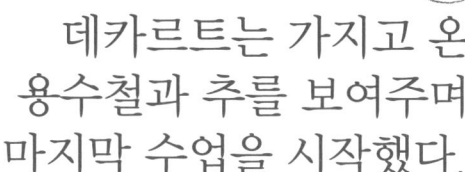

데카르트는 가지고 온
용수철과 추를 보여주며
마지막 수업을 시작했다.

데카르트는 용수철을 천장에 매달았다. 용수철의 길이는 30mm였

다. 용수철에 10g의 추를 매달자 용수철이 34mm로 늘어났다.

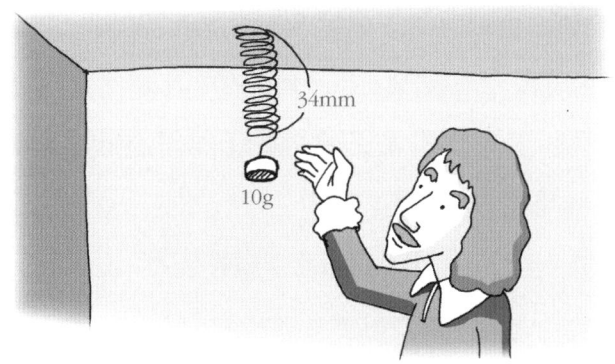

20g의 추를 매달자 용수철이 38mm로 늘어났다.

데카르트는 10g씩 더 무거운 추를 매달았을 때 용수철의 길이를 조사했다. 학생들은 추의 질량을 x로 하고, 용수철의 길이를 y로 하여 다음과 같은 표를 만들었다.

x(g)	0	10	20	30	40	50
y(mm)	30	34	38	42	46	50

용수철에 100g의 추를 매달면 용수철의 길이는 얼마가 될까요? 이것을 알기 위해서는 x와 y사이의 관계를 알아보아야 합니다. 위의 표를 보면 용수철의 처음 길이인 30mm가 똑같이 더해져 있습니다.

$\dfrac{x}{10}$와 $(y-30)$ 사이의 관계를 알아봅시다.

$\dfrac{x}{10}$ (g)	0	1	2	3	4	5
$y{-}30$ (mm)	0	4	8	12	16	20

어랏! $\dfrac{x}{10}$와 $(y-30)$이 정비례 관계이군요. 이 관계는 다음과 같지요.

$$y - 30 = 4 \times \dfrac{x}{10}$$
$$y - 30 = 0.4x$$

양변에 30을 더하면 다음과 같이 됩니다.

$$y = 0.4x + 30$$

이것은 $y = ax + b$의 꼴이므로 추의 질량 x와 용수철의 길이 y는 일차함수의 관계가 있다는 것을 알 수 있습니다.

그럼 원래의 문제로 돌아가 봅시다. 100g의 추를 매달면 $x = 100$이므로 이때 $y = 0.4 \times 100 + 30 = 70$이 되어 용수철의 길이는 70mm가 됩니다.

양초 문제

이번에는 기울기가 음수인 일차함수의 관계가 나타나는 문제를 봅시다.

데카르트는 길이가 14.5cm인 양초에 불을 붙였다. 그리고 학생들에게 1분마다 남아 있는 양초의 길이를 재라고 했다. 1분 후 양초의 길이는 14.1cm가 되었다.

학생들은 2분 후 양초의 길이를 재었다. 13.7cm였다.

학생들은 1분마다 남아 있는 양초의 길이를 재었다. 그리고 시간을 x, 남아 있는 양초의 길이를 y로 하여 다음과 같은 표를 만들 수 있었다.

x(분)	0	1	2	3	4	5
y(cm)	14.5	14.1	13.7	13.3	12.9	12.5

양초의 처음 길이는 14.5cm입니다. 이 길이에서 남아 있는 길이를 뺀 값은 양초가 줄어든 길이입니다. 이것을 식으로 표현하면 $(14.5-y)$이지요. 그럼 x와 $(14.5-y)$ 사이의 관계를 표로 만들어 봅시다.

x(분)	0	1	2	3	4	5
$14.5-y$(cm)	0	0.4	0.8	1.2	1.6	2.0

x와 $(14.5-y)$가 정비례하는군요. 이때 비례상수는 0.4입니다. 그러므로 다음 식이 성립합니다.

$$14.5 - y = 0.4x$$

이제 양변에 y를 더하면

$$14.5 = 0.4x + y$$

가 되고 양변에서 $0.4x$를 빼면

$$14.5 - 0.4x = y$$

가 됩니다. 이 식을 정리하면 다음과 같이 되지요.

$$y = -0.4x + 14.5$$

그러므로 x와 y는 일차함수의 관계를 만족합니다. 이때 기울기는 음수가 되지요? 이것은 양초의 남아 있는 길이가 점점 작아지기 때문이지요.

그렇다면 이 양초가 모두 타 버리는 데 걸리는 시간은 얼마일까요? 그것은 남아 있는 양초의 길이가 0일 때의 시간 x를 찾으면 됩니다. 그러므로

$$0 = -0.4x + 14.5$$

에서 $x = 36.25$(분)이 됩니다. 0.25분은 15초이므로 이 양초는 36분 15초 후에 다 타 버립니다.

택시 회사 사장 클레

이 글은 저자가 창작한 동화입니다.

택시 회사 사장 클레

스퀘어 시에 '클레'라는
수학 천재가 있었습니다.

　클레는 고아로 자랐습니다. 초등학교 때부터 남달리 수학
을 좋아했던 클레는 가정 형편이 어려워 중학교에 진학하지
못했습니다. 하지만 독학으로 중·고등학교 입학 검정고시에
서 수석으로 합격했습니다. 뿐만 아니라 클레는 스퀘어 시에
서 열린 수학 올림피아드에서도 1등을 차지했습니다.

　하지만 가정 형편 때문에 대학에 진학하지 못하고 운전을
배워 어느 부잣집의 운전수로 일했습니다. 클레가 운전수로
일한 곳은 스퀘어 시에서 부자들만이 모여 사는 동네였습니
다. 그래서 그는 다른 부잣집의 운전수들과 친하게 지낼 수

있었습니다.

그러던 어느 날 클레에게 기회가 찾아왔습니다. 신문에 스퀘어 시에서 택시 사업이 시작된다는 것이었습니다.

"택시 사업이 시작된대."

클레가 신난 표정으로 소리쳤습니다.

"택시가 뭐지?"

이웃집 운전수 디아트가 물었습니다.

"손님을 차에 태우고 목적지까지 데려다 준 다음 돈을 받는 거야. 우리 같은 운전수들이 사장이 될 수 있는 방법이지."

클레가 설명했습니다.

"어떻게 돈을 받지?"

디아트가 물었습니다.

"먼 거리를 가면 비싸게 받고 짧은 거리를 가면 싸게 받는

거지."

　클레는 웃으며 신문을 더 자세히 읽어 보았습니다. 운전을 할 수 있는 사람이라면 누구나 택시 영업을 할 수 있고 가격도 스스로 정하라는 것이었습니다.

　"난 택시 기사가 되겠어."

　클레가 말했습니다.

　"좋아. 나도 한번 해 보겠어."

　디아트도 찬성했습니다. 클레는 디아트와 또 1명의 운전수 카리스와 함께 스퀘어 택시 회사를 차렸습니다. 이제 택시 요금을 결정하는 일이 남았습니다. 그래야 요금을 받는 미터기를 만들 수 있기 때문이지요.

　스퀘어 시는 돈의 단위가 머니였고, 그것의 100분의 1인 실링이라는 동전이 있었습니다. 즉, 1머니는 100실링이지요.

하지만 실링은 너무 적은 돈이어서 사람들이 1머니, 5머니, 10머니짜리 지폐를 주로 가지고 다녔습니다. 그러므로 머니 단위로 요금을 받아야 손님들이 불편하지 않습니다.

클레는 며칠 동안 요금을 받는 방법에 대해 연구했습니다. 미터기를 만들어야 하기 때문이지요.

"단순히 거리에만 비례해서 요금을 받으면 요금 체계가 너무 복잡해질 거야."

클레가 중얼거렸습니다.

"그렇지만 달리 방법이 없잖아."

디아트가 말했습니다.

"1km에 대해 1머니만 받으면 우리는 손해를 안 볼 수 있어. 그러니까 1km마다 1머니씩 올라가도록 하면 될 거야."

클레는 칠판에 다음과 같이 썼습니다.

"이런 식으로 요금을 정하면 손해를 안 보게 될 거야. 가만,

거 리   요 금

0km 이상 1km 미만   1머니
1km 이상 2km 미만   2머니
2km 이상 3km 미만   3머니

재미있는 관계인걸!"

클레의 눈이 휘둥그레졌습니다. 클레는 거리를 x(km)로 하고 요금을 y(머니)로 하여 그래프를 그려 보았습니다.

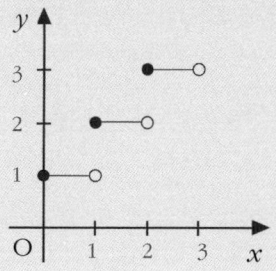

"정말 신기한 그래프야. x와 y 사이의 관계를 식으로 쓸 수 없을까?"

클레는 생각에 잠겼습니다. 그러고는 갑자기 다음과 같이 고쳐 썼습니다.

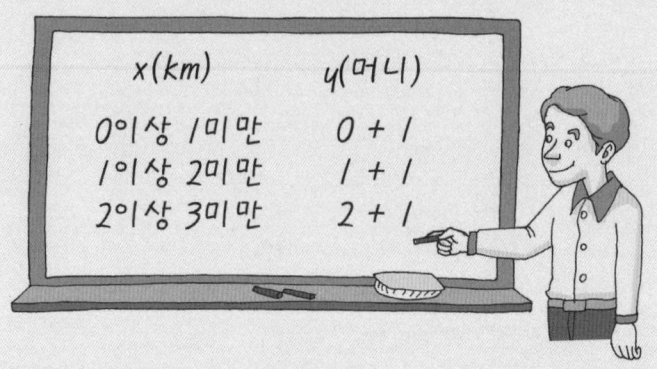

$x(km)$ $y(머니)$

0이상 1미만 0 + 1
1이상 2미만 1 + 1
2이상 3미만 2 + 1

클레는 말없이 칠판을 바라보았습니다. 디아트는 클레가 무엇을 하는지 전혀 알 수가 없었습니다.

"그래, 이거야!"

갑자기 클레가 소리를 질렀습니다.

"디아트! 200m를 km로 고치면 얼마지?"

"당연히 0.2지."

디아트가 대답했습니다.

"거기서 소수점 뒤의 숫자를 빼면?"

"0이지."

"그럼 300m는?"

"km로 바꾸면 0.3이고 소수점 뒤의 숫자를 빼면 0이 되지. 그건 초등학생도 아는 수학이잖아."

디아트가 말했습니다.

"그래. 초등학생도 아는 수학에서 새로운 수학이 탄생하는

거야."

무언가를 발견한 듯 클레의 눈이 반짝거렸습니다.

"그게 뭔데?"

디아트가 물었습니다.

"x가 0 이상 1 미만일 때는 $y=0+1$이지? 0 이상 1 미만의 수는 0.2, 0.3과 같은 수들이지. 여기서 소수점 뒤의 수들을 지우면 0이 되거든. 그리고 x가 1 이상 2 미만일 때는 $y=1+1$이지? 1 이상 2 미만의 수는 1.2, 1.3과 같은 수들이지. 여기서 소수점 뒤의 수들을 지우면 1이 되잖아. 그러니까

$$y = (x에서 \ 소수점 \ 뒤의 \ 숫자를 \ 지운 \ 수) + 1$$

이 되거든. 이제 x에서 소수점 뒤의 숫자를 지운 수를 $[x]$라고 쓸 거야. 그러면

$$y = [x] + 1$$

이 내가 찾는 관계식이야."

"그럼 2.7km를 가면 [2.7]=2이니까 $y = 2 + 1 = 3$이 되어 3 머니를 내면 되는군."

디아트도 클레의 공식을 이해하는 표정이었습니다.

클레는 이 함수를 이용하여 거리에 따라 요금이 자동으로 기록되는 미터기를 만들었습니다.

클레의 택시 회사는 점점 승객이 많아졌습니다. 그래서 2~3일에 1번 충전하던 가스를 매일 아침 충전해야 할 정도 였습니다.

어느 날 클레는 디아트와 카리스를 불러 말했습니다.

"우리도 가스 충전소를 지어야겠어. 가스 충전소의 위치는 디아트의 집에 짓기로 했어."

"그럼 디아트만 편리하잖아?"

카리스가 반발했습니다.

"그게 가장 비용을 낮추는 방법이야."

클레가 설명했습니다.

"말도 안 돼. 그럼 나는 매일 아침 2km 떨어진 디아트의 집에 가야 하잖아?"

카리스가 더욱 거세게 반발했습니다. 카리스, 디아트, 클레의 집은 순서대로 일직선 위에 있었고 카리스의 집에서 디아트의 집까지는 2km, 디아트의 집에서 클레의 집까지는 1km 떨어져 있었습니다. 클레는 세 사람의 집의 위치를 지도 위에 표시했습니다.

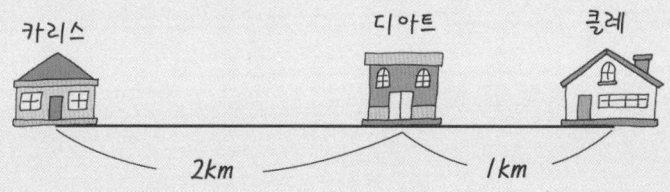

"우리 집과 클레의 집이 제일 멀고 그 거리가 3km이니까 그

절반인 1.5km 지점에 가스 충전소를 설치하는 게 공평할 것 같아."

카리스가 주장했습니다. 클레는 카리스가 말한 위치를 지도 위에 나타냈습니다.

"카리스! 가스 충전소까지 매일 아침 가는 가스 비용은 회사 경비로 지불할 거야. 그러니까 우리는 비용이 제일 적게 나오도록 가스 충전소의 위치를 결정할 필요가 있어."

클레가 말했습니다.

"그게 내가 말한 지점이잖아?"

카리스는 자신의 주장을 굽히지 않았습니다.

"그러니까 우리 세 사람이 충전소까지의 거리의 합이 최소가 되는 곳이 되어야겠지?"

클레가 말했습니다.

"물론이지."

카리스도 동의했습니다.

"카리스가 말한 위치에 가스 충전소를 지으면 카리스가 가야 하는 거리는 1.5km, 디아트가 가야 하는 거리는 0.5km, 내가 가야 하는 거리는 1.5km가 되거든. 그러니까 우리 모두가 움직인 거리는 3.5km가 돼. 하지만 가운데에 있는 디아트의 집에 충전소를 짓는다고 해 봐. 카리스가 가는 거리는 2km, 내가 가는 거리는 1km이고 디아트가 가는 거리는 0이니까 세 사람이 움직인 거리는 3km가 돼. 그래서 다른 어떤 곳에 충전소를 지어도 3km보다 커지게 되거든. 그러니까 디아트의 집에 충전소를 짓는 것이 회사의 비용을 가장 절약하는 방법이야."

클레가 설명했습니다. 카리스는 머리를 긁적였습니다. 자신의 계산이 옳지 않았기 때문이지요.

스퀘어 시는 신도시였기 때문에 도시가 바둑판 모양으로 이루어져 있어 네 길이 만나는 많은 교차로들이 있었습니다.

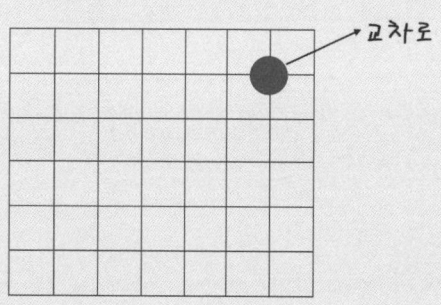

택시를 타려는 시민들은 대부분 교차로에서 택시를 기다렸습니다. 그런데 택시는 3대뿐이라 다른 길로 돌아다니다 보면 택시를 찾는 손님을 발견하지 못하는 일이 빈번했습니다. 이로 인해 시민들의 불만도 커지게 되었습니다.

클레는 이 문제를 해결하고 싶었습니다. 며칠을 이 문제로 고민하던 클레는 디아트와 카리스를 불러 이 문제에 대해 의논하기로 했습니다.

"어떻게 하면 좋을까?"

클레가 말했습니다.

"우리가 좀 더 자주 돌아다니면 손님을 발견할 수 있지 않을까?"

디아트가 말했습니다.

"하지만 손님이 서 있는 교차로를 지나가지 않을 수도 있잖아. 아니면 너무 늦게 교차로에 도착해서 손님이 오래 기다릴 수도 있고."

카리스가 디아트의 제안에 반대했습니다. 클레는 말없이 지도만 바라보고 있었습니다.

"좋은 수가 있어."

클레가 눈을 반짝거렸습니다. 뭔가 좋은 생각이 떠오른 것 같았습니다.

클레가 설명했습니다.

"사무실에 전화를 받는 여직원을 두고, 택시를 부르고 싶은 손님이 우리 회사로 전화를 걸어 교차로의 이름을 대면 여직원이 그 위치를 우리들에게 알려 주는 거야. 그럼 우리가 교차로로 이동하여 손님을 태우면 되잖아."

"그거 좋은 생각이군!"

디아트가 말했습니다.

이리하여 스퀘어 택시 회사에 앤이라는 이름의 아가씨가 출근하게 되었습니다. 그리고 사무실의 전화번호 8282가 적힌 전단지를 시민들에게 나누어 주며 대대적으로 홍보했습니다.

따르르릉.

사무실의 전화기가 울렸습니다.

"여기는 스퀘어 택시 회사입니다. 손님이 계신 위치를 말씀해 주세요."

앤이 친절하게 말했습니다.

"여기는 타임 광장입니다. 택시 1대만 보내 주세요."

손님이 말했습니다.

앤은 클레, 디아트, 카리스 3명에게 동시에 연락했습니다.

"타임 광장! 타임 광장!"

세 사람은 마침 모두 빈 택시로 거리를 돌아다니고 있었습니다. 타임 광장에서 가장 가까운 곳에 있었던 디아트가 제일 먼저 도착해 손님을 태우고 떠났습니다. 카리스와 클레는 조금 뒤에야 도착했습니다. 하지만 손님은 이미 타임 광장에 없었습니다.

"이게 뭐야? 우린 허탕이잖아?"

카리스가 투덜거렸습니다.

클레는 뭔가 일이 잘못 돌아가고 있다는 것을 느꼈습니다.

그날 밤 세 사람과 앤은 다시 모였습니다.

"방법을 조금 바꿔야겠어."

클레가 말했습니다.

"어떻게?"

디아트가 물었습니다.

"이런 식으로 하면 손님이 부를 때마다 3대의 택시가 달려가게 돼. 물론 손님은 그중 하나의 택시에 타게 되지. 그래서 나머지 두 택시는 허탕을 치게 되니까 뭔가 다른 방법을 찾아야 해."

클레가 말했습니다.

"차라리 한 번씩 교대로 손님을 태우면 어떨까?"

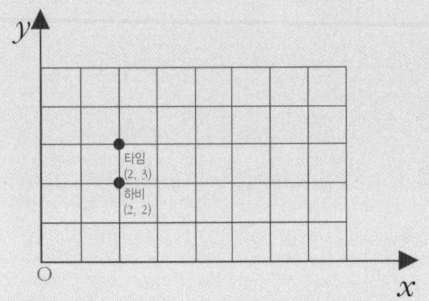

카리스가 제안했습니다.

"그건 별로 좋은 생각이 아니야. 손님에게 가는 데 가장 짧은 시간이 걸리는 사람이 가는 것이 현명한 방법이야."

클레가 새로 제안했습니다.

"그걸 어떻게 알지?"

디아트가 물었습니다.

클레는 스퀘어 시의 지도에 각 교차로에 다음과 같이 2개의 수로 좌표를 만들었습니다.

"이게 바로 우리 도시의 교차로의 좌표야. 이것을 반드시 외워야 해."

클레가 말했습니다.

"교차로의 이름을 단지 2개의 숫자로 바꾼 것뿐이잖아?"

카리스가 잘 이해가 안 된다는 표정으로 물었습니다.

"그림처럼 x축과 y축을 택하고 가장 아래 왼쪽 점을 원점

(0, 0)으로 택하면 교차로 밑에 쓴 두 개의 수는 교차로를 점으로 보았을 때의 좌표를 나타내게 될 거야. 그러니까 타임 광장은 (2, 3)이 되고 하비 교차로는 (2, 2)가 되는 거지."

클레는 지도의 타임 광장과 하비 교차로를 손가락으로 가리켰습니다.

"그럼 누가 손님을 모시러 가는 거지?"

디아트가 물었습니다.

"예를 들어 손님이 타임 광장에 있다고 하자. 나의 차는 좌표가 (1, 5)인 곳에, 카리스는 (5, 0)에, 디아트는 (3, 4)에 있다고 해 봐. 이때 손님의 위치와 자신의 위치를 비교해 x좌표의 차와 y좌표의 차의 합이 제일 작은 사람이 가장 빨리 손님에게 갈 수 있게 돼."

클레가 말했습니다.

"그건 왜 그런 거지?"

카리스가 고개를 갸우뚱거렸습니다.

클레는 칠판으로 다가가더니 지도에 세 사람의 위치를 표시했습니다.

클레는 먼저 자신의 차를 가리키더니 말했습니다.

"내가 타임 광장에 가려면 아래로 2칸, 오른쪽으로 1칸을 가야 해. 도로의 길이는 가로 방향 1칸이나 세로 방향 1칸이

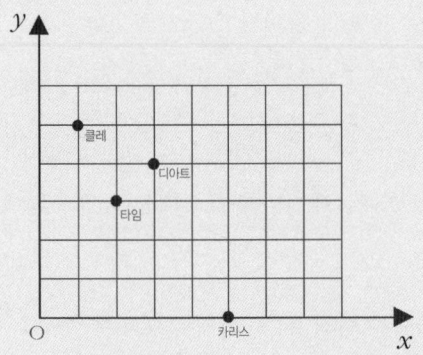

나 같으니까 결국 나는 3칸을 움직여야 하지. 나의 좌표와 타임 광장의 좌표를 쓰면 클레(1, 5), 타임(2, 3)이 되거든. 이때 x좌표의 차는 $2-1=1$이고 y좌표의 차는 $5-3=2$가 되지. 두 값의 합은 3이 되니까 나는 3칸을 움직여야 타임 광장에 갈 수 있어.”

"그럼 자네가 가야 하는 건가?"

디아트가 물었습니다.

"다른 사람과 타임 광장 사이도 확인해 봐야지. 카리스의 경우는 카리스(5, 0), 타임(2, 3)이니까 x좌표의 차는 3이고 y 좌표의 차는 3이 되어 그 합이 6이니까 6칸을 움직여야 갈 수 있지. 그러니까 카리스는 나보다 시간이 더 많이 걸려 올 필요가 없는 셈이지. 이제 디아트의 경우를 보자고. 디아트(3, 4)이고 타임(2, 3)이니까 x좌표의 차는 1, y좌표의 차는 1이 되어 그 합이 2가 되거든. 그러니까 디아트는 단지 2칸만 이동하면 타임에 갈 수 있지. 그러니까 우리 중에서는 디아트가 가는 것이 제일 현명한 선택이야."

클레가 설명했습니다.

"세 사람으로부터 거리가 모두 같을 경우에는 어떻게 하지?"

디아트가 이렇게 물었습니다.

"그때는 누가 가도 상관없지. 그런 경우를 위해 우리가 순서를 정해 두면 될 거야."

클레가 말했습니다.

두 사람은 클레의 제안을 받아들였습니다. 그 후 모든 차에 위치 추적 장치를 달았고, 각 차로부터 가장 가까운 교차로

의 좌표가 앤에게 전달되었습니다. 앤은 손님이 있는 곳의 좌표와 세 사람의 좌표에 대해 x좌표의 차와 y좌표의 차가 제일 적은 사람에게 이동하라고 지시했습니다. 이렇게 하여 불필요하게 3대의 차가 손님 1명에게 달려가는 일은 사라지게 되었습니다.

이렇게 스퀘어 택시 회사는 매년 수입이 증가해 택시 기사들의 소득도 높아졌습니다.

그러던 어느 날 카리스가 클레를 만나기 위해 사무실에 들렀습니다. 클레는 보이지 않고 조그만 장부 하나가 책상 위에 펼쳐져 있었습니다.

"이게 뭐지?"

카리스는 장부를 들여다보았습니다. 스퀘어 택시 회사의 장부였습니다. 카리스는 장부를 찬찬히 넘겨 보았습니다.

"가만, 이 돈은 뭐지?"

카리스의 눈이 장부의 어느 한 줄에 멈추었습니다. 매년 2만 머니의 거액이 이상한 곳으로 보내지고 있는 것이었습니다.

"클레가 돈을 빼돌리다니!"

카리스는 화가 났습니다. 마침 사무실로 들어오는 디아트에게도 이 사실을 알려 주었습니다. 디아트 역시 화를 냈습니다.

잠시 후 클레가 사무실로 들어왔습니다.

"클레, 매년 2만 머니의 돈을 어디로 빼돌린 거지?"

카리스가 따졌습니다. 클레의 얼굴이 빨개졌습니다.

"왜 작년 수입이 22만 머니인데 신고한 수입은 20만 머니밖에 안 되는 거야?"

카리스가 다그쳤습니다.

"클레, 난 네가 그런 짓을 할 줄 몰랐어. 실망이야."

디아트도 거들었습니다.

"그건⋯⋯."

클레가 말을 더듬었습니다.

"811-1234-4567. 이것이 네가 매년 2만 머니를 보내는 통장 계좌 번호야. 그러니까 너는 매년 이 통장으로 2만 머니를 입금시키고 있는 거야. 그런 식으로 해서 얼마나 많은 돈을 빼돌린 거지?"

카리스가 클레를 계속 몰아붙였습니다. 디아트도 클레에게 실망한 표정이었습니다.

잠자코 있던 클레가 입을 열었습니다.

"나 개인적으로 쓴 돈은 한 푼도 없어."

"그게 말이 돼?"

카리스가 말했습니다.

"클레, 2만 머니의 사용처를 밝혀 줘. 나는 아직도 자네를 믿고 싶어."

디아트가 부탁했습니다.

"2만 머니는 매년 우리 세 사람의 이름으로 고아원에 기부했어. 이렇게 한다 해도 세금 때문에 회사에 들어오는 돈은 똑같기 때문이지."

"어째서 같은 거지?"

카리스는 이해를 못하겠다는 표정으로 말했습니다.

"세금은 수익금에 따라 달라져. 수익이 20만 머니 이하일 때는 세율이 25%이지만 20만 머니를 넘을 경우에는 세율이 40%이지."

"그것과 이 사건이 무슨 상관이 있지?"

"예를 들어, 20만 머니의 수익을 얻으면 세금으로 20만×
0.25가 5만 머니이니까 세금을 제하고 남은 돈은 15만 머니
가 돼. 하지만 22만 머니의 수익을 얻으면 수익이 20만 머니
를 넘으니까 세율이 40%가 되거든. 22만 머니의 40%는 8만
8천 머니이니까 세금을 제하고 남는 돈은 13만 2천 머니가
되어 오히려 20만 머니를 벌었을 때보다 회사로서는 손해가
되지."

클레가 자세히 설명했습니다.

"뭐 그런 엉터리 법이 있지?"

카리스가 투덜거렸습니다.

"많이 벌수록 세금을 훨씬 더 많이 내도록 되어 있어. 그러

니까 22만 머니를 벌었을 때는 20만 머니만 벌었다고 신고를 하는 것이 유리하지.”

클레가 설명했습니다.

“서류를 위조하는 거야?”

디아트가 물었습니다.

“그렇지 않아. 남을 돕는 기부금은 수익에서 제외되거든. 그러니까 2만 머니를 기부금으로 내면 세금을 내야 하는 수익은 20만 머니가 되니까 오히려 이득이 되는 거지.”

“그런 수학이 있었군.”

카리스는 이제 조금 이해하는 듯 고개를 끄덕였습니다.

“그럼 얼마를 벌었을 때까지 기부를 하는 것이 유리하지?”

디아트가 물었습니다.

“25만 머니에 세율 40%를 곱하면 10만 머니가 세금으로 나가거든. 그러니까 회사에는 15만 머니만 들어오게 되지. 이때까지는 5만 머니를 고아원에 기부하고 20만 머니를 수익으로 하면 세율은 25%가 되니까 세금은 5만 머니가 되어 회사에 들어오는 돈은 15만 머니로 같아져.”

클레는 당당하게 말했습니다.

“그런 줄 몰랐어. 역시 자넨 수학의 천재야.”

카리스가 사과했습니다.

"우리 올해에는 더 열심히 일해서 25만 머니의 소득을 올리자. 그리고 5만 머니를 고아원에 기부하는 게 어때?"

디아트가 제안했습니다. 모두들 디아트의 제안에 찬성했습니다.

"고아들은 돈보다도 부모님이나 형, 오빠를 필요로 해. 그러니까 우리가 돈만 보내는 것이 아니라 매달 고아원에 가서 아이들과 함께 놀아 주고 택시로 드라이브도 시켜 주는 게 어때?"

카리스가 새로 제안했습니다.

"그거 좋은 생각이야. 다음 달부터 그렇게 하자."

디아트가 싱글벙글 웃으며 말했습니다.

"고마워."

클레가 말했습니다.

이렇게 세 사람 사이의 오해는 모두 풀렸습니다. 다음 날부터 세 사람은 고아들에게 좀 더 많은 도움을 주기 위해 열심히 일했습니다.

근대 자연 과학의 아버지
데카르트 René Descartes, 1596~1650

　데카르트는 수학자이자 철학자이며 물리학, 의학에서도 큰 업적을 남겨 '근대 자연 과학의 아버지' 라고 불립니다.

　데카르트는 프랑스 투렌의 소도시 라에에서 부유한 귀족 집안의 아들로 태어났습니다. 어느 날 휴식을 취하려 침대에 누웠다가 천장에 기어다니는 파리를 보고 그것의 위치를 쉽게 표시하기 위해 고민하였다고 합니다. 그때 바둑판 모양으로 가로줄과 세로줄을 그어 위치를 표시하면 좋겠다는 생각에 이르게 된 것입니다. 이러한 좌표의 개념은 기하학과 대수학의 발전에 큰 공헌을 하게 됩니다.

　그는 1629년부터 자연 연구로 연구의 방향을 바꾸어 《우주

론》이라는 책을 쓰지만, 이것이 완성될 때쯤 갈릴레이가 지동설을 주장하다가 처형될 위기에 놓였다는 소식을 듣게 되었습니다. 그래서 그는 이 책의 출판을 미루고 《방법 서설》이라는 책을 냅니다. 이것의 유명한 세 번째 부록인 《기하학》은 약 100페이지에 달하는 분량이며, 그 자체가 3권으로 나누어져 있습니다. 이후 그는 1641년에는 《성찰록》, 1644년에는 《철학의 원리》를 출간했습니다.

네덜란드로 간 데카르트는 1649년까지 그곳에 살면서 수학, 철학, 과학의 연구에 몰두하였습니다. 그러다가 1642년경부터 크게 주목을 받기 시작하였고, 스웨덴의 크리스티나 여왕의 교사로 초빙되어 그곳을 방문하였으나 폐렴에 걸려 1650년에 사망하였습니다.

서양 근대철학의 출발점이라고도 불리는 데카르트의 고향 라에는 그의 탄생 400주년을 기념하여 도시 이름을 데카르트로 바꿨다고 합니다.

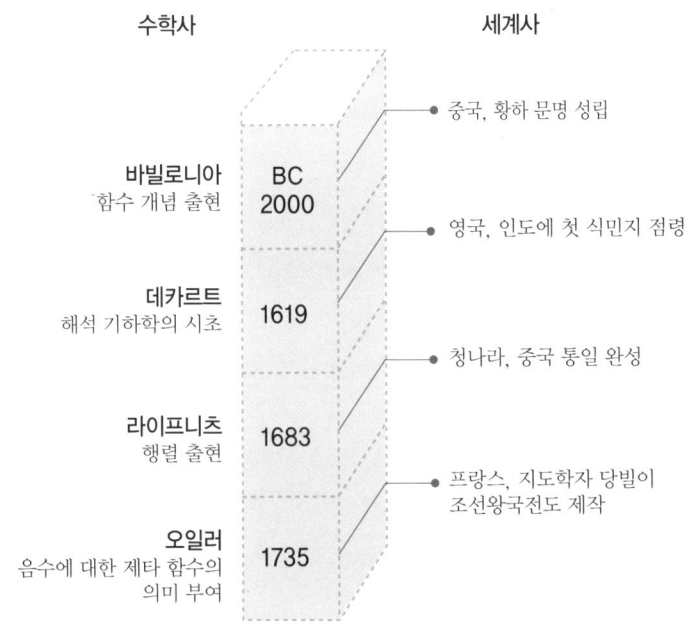

수 학 연 대 표
언제, 무슨 일이?

수학사

세계사

● 중국, 황하 문명 성립

바빌로니아
함수 개념 출현

BC
2000

● 영국, 인도에 첫 식민지 점령

데카르트
해석 기하학의 시초

1619

● 청나라, 중국 통일 완성

라이프니츠
행렬 출현

1683

● 프랑스, 지도학자 당빌이
조선왕국전도 제작

오일러
음수에 대한 제타 함수의
의미 부여

1735

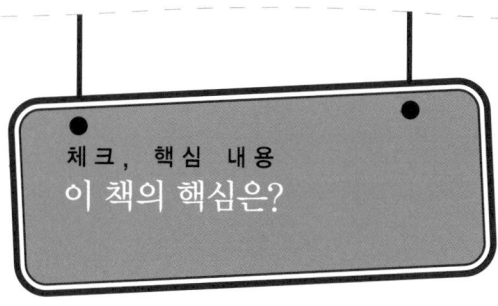

체크, 핵심 내용
이 책의 핵심은?

1. 집합 x의 모든 원소에 대해 다른 집합 y의 단 하나의 원소가 대응되는 관계를 □□ 라고 합니다.

2. 원점에서 x축을 따라 오른쪽으로 이동하면 x의 값이 □□ 이고, 왼쪽으로 이동하면 □□ 입니다.

3. 삼각형의 넓이는 밑변의 길이와 높이의 곱을 □ 로 나눈 값으로 정의됩니다.

4. x가 2배, 3배, 4배, …로 변할 때 y도 2배, 3배, 4배, …로 변하면 y는 x에 □□□ 한다고 말합니다.

5. x의 값이 2배, 3배, 4배, …로 변할 때 y값은 $\dfrac{1}{2}$배, $\dfrac{1}{3}$배, $\dfrac{1}{4}$배, …로 변하면 y는 x에 □□□ 한다고 합니다.

6. 양초가 줄어드는 문제에서 양초가 남아 있는 길이를 y, 시간을 x라고 하면 이 일차함수의 기울기는 □□ 가 됩니다.

3D 그래픽과 함수

영화 〈터미네이터 2〉를 보면 로봇이 바닥에서 솟아오르는 장면이 있습니다. 공상 과학 영화에서 이런 장면은 컴퓨터의 3차원 그래픽을 이용해서 만듭니다.

이때 사용되는 것이 이변수 함수입니다. 우리가 알고 있는 함수는 정의역의 원소 x를 공역의 원소에 대응시키는 것입니다. 이것을 $y = f(x)$라고 쓰는데 $f(x)$의 모양이 달라지면 다른 함수가 되지요. 이때 x를 x축에, y를 y축에 나타내는 것을 함수 $y = f(x)$의 그래프라고 합니다.

예를 들어, $f(x) = x$이면 그래프는 직선이 되고 $f(x) = x^2$이면 아래쪽이 볼록한 포물선이 됩니다. 이 원리를 이용해 3차원 그래픽을 만드는 것입니다.

이변수 함수는 2차원 평면 위의 점들이 정의역인 집합입니다. 평면의 한 점은 (x, y)로 나타내지요. 이때 각 점에 수직인 방향으로 z의 값을 대응시키면 $z=f(x,\ y)$가 되는데 이때 변수가 $x,\ y$ 2개이므로 이 함수를 이변수 함수라 부릅니다.

이때 $f(x,\ y)$의 모양이 달라지면 서로 다른 이변수 함수가 되고 각각의 점$(x,\ y)$에 대한 z의 값을 연결하면 휘어진 면이 만들어집니다.

예를 들어 $f(x,\ y)=x^2+y^2$이라고 하여 $z=x^2+y^2$을 그리면 위로 갈수록 단면이 넓어지는 컵모양을 만들 수 있습니다. 이때 변수 x나 y를 시간에 의존하게 하면 시간에 따라 컵의 모양이 바뀌게 되는데, 이 원리를 이용하여 3D 애니메이션을 만들 수 있는 것입니다.

만약 사람이나 동물과 같이 수학적인 함수로 나타낼 수 없을 때는 컴퓨터를 이용한 함수로 사람이나 동물을 나타냅니다. 이 경우도 이상적인 이변수 함수가 만들어지며 시간에 따라 변수를 변하게 하여 다양한 모양의 3차원 영상을 만들 수 있습니다.